세계사를 바꾼 12가지 신소재

世界史を変えた新素材
佐藤健太郎 著
株式会社 新潮社 刊
2018

SEKAISHI WO KAETA SHINSOZAI
by Kentaro Sato
Original Japanese language edition published by SHINCHOSHA Publishing Co., Ltd., Tokyo.

gold

ceramic

steel

cellulose

collagen

magnet

문명의 기반이 된 '철'부터
미래를 이끌 '메타물질'까지!

세계사를 바꾼

12가지
신소재

사토 겐타로 지음 | 송은애 옮김

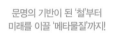

calcium carbonate

rubber

aluminium

silk

silicon

plastic

북라이프

옮긴이 **송은애**

국립 오차노미즈여자대학교에서 글로벌 문화학과 비교 역사학을 공부했다. 현재 바른번역
소속 번역가로, 번역, 통역, 레슨 등 일본어와 관련된 다양한 분야에서 활동 중이다. 원문의
향기를 고스란히 간직하면서도 자연스러운 번역, 더 나아가 저자의 부족한 부분까지 채워줄
수 있는 번역을 지향한다.

옮긴 책으로는 《인간을 탐구하는 수업》, 《인사이드 아웃, 오늘은 울어도 돼》, 《시간의 본질
을 찾아가는 물리여행》, 《정관정요 강의》, 《과학잡학사전》, 《병은 재능이다》(공역) 등이 있다.

세계사를 바꾼 12가지 신소재

1판 1쇄 발행 2019년 6월 25일
1판 26쇄 발행 2024년 5월 31일

지은이 | 사토 겐타로
옮긴이 | 송은애
발행인 | 홍영태
발행처 | 북라이프
등 록 | 제2011-000096호(2011년 3월 24일)
주 소 | 03991 서울시 마포구 월드컵북로6길 3 이노베이스빌딩 7층
전 화 | (02)338-9449
팩 스 | (02)338-6543
대표메일 | bb@businessbooks.co.kr
홈페이지 | http://www.businessbooks.co.kr
블로그 | http://blog.naver.com/booklife1
페이스북 | thebooklife
ISBN 979-11-88850-62-4 03900

오늘을 살아가는 우리는
무한에 가까운 재료의 우주에서
극히 일부만을 바라보고 있을 뿐이다.

'새로운 재료'가 역사를 움직인다

새로운 시대를 만드는 '재료'의 힘

인류가 문명사회를 이룩한 이래 인간 사회는 수천 년간 크고 작은 변화를 수없이 맞이하여 지금에 이르렀다. 변화는 천재 한 명의 발명이나 사상에서 비롯되기도 했고, 먼 나라와 교역하거나 전쟁을 치르며 찾아오기도 했다. 왕조, 사상, 학문, 종교, 정치 체제부터 일상 속 인사말, 매일 먹는 음식에 이르기까지 인간 사회를 이루는 것 중에 변하지 않는 것은 하나도 없다.

일본의 에도시대(1603~1867)처럼 인위적으로 교류나 혁신을 제한한 사회에서조차(에도시대 막부는 외래사상의 유입이나 외국의 군사 개입을 염려하여 쇄국정책을 폈다. ─편집자) 농업 기술은 발전했고 화폐경제가 보급되었으며 문학이나 회화를 포함한 독자적 예술이 발달하는 등, 일일이 헤아리기 힘들 만큼 수많은 변화가 일어났다. 이러한 사실로 보아 '변화'란 인간 사회의 본질이기도 하다.

거대한 변화는 서서히 일어나지 않고 불연속적으로 일어난다. 가히 혁명적이라 할 만한 변화는 오셀로 게임에서 말이 뒤집어지듯 눈 깜짝할 새에 모든 것을 뒤바꿔 놓는다.

가까운 예로 음악의 기록 매체를 생각해보자. 제2차 세계대전 후에 등장한 레코드판은 음악을 보급하는 데 오랫동안 든든한 뒷받침이 되었으나 1982년에 상용화된 CD에 순식간에 왕좌를 넘겨주었다. CD 또한 요즘은 웹을 기반으로 하는 전송 및 동영상 사이트로 교체되어 놀랄 만큼 빠른 속도로 사라지고 있다. 일본에서는 1998년만 해도 싱글 앨범을 합쳐 40장 가까이 나왔던 밀리언셀러가 십수 년 만에 거의 자취를 감추었다. 이렇게 되리라고 예측한 사람이 과연 얼마나 되겠는가.

이렇듯 변화를 예측하기는 매우 어려우며, 바람직한 변화를 일으키기란 더더욱 어렵다. '무언가를 바꾸고 싶다', '변화해야 한다'고 누구나 생각하면서도 이런저런 제약 때문에 변화를 이끌지 못한다. 어느 정당의 정치인이든 한결같이 개혁을 부르짖고 기업은 혁신을 외치며 막대한 연구비를 쏟아붓지만 기대하는 만큼의 성과는 좀처럼 나타나지 않는다.

사회에 변혁을 일으키려면 어떤 요소가 필요할까? 어떤 변혁이든 한 가지 원인으로 시작되지는 않으며, 다양한 요소가 모여야만 비로소 시작된다. 하지만 나는 그중에서도 '재료'의 힘에 주목하고 싶다. 온갖 변혁의 요인을 파고들다 보면 종이나 철, 플라스틱처럼 우수한 재료가 가진 힘이 드러난다.

이를 가장 단적으로 드러내는 것이 석기시대, 청동기시대, 철기시대와 같은 명칭이다. 청동 검은 나무나 돌로 만든 무기를 가볍게 제압했고, 땅을 깊게 갈 수 있는 철제 괭이는 식량 생산에 큰 도움을 주어 인구 증가에 기여했다. 한 시대를 가리키는 명칭에 재료의 이름을 붙인 까닭이 여기에 있다(석기나 청동기가 수천 년의 세월을 견디는 재료라는 점 또한 중요하다. 인류가 목재와 포목을 언제부터 사용하기 시작했는지를 특정하기란 안타깝게도 매우 어렵다).

극적인 변화를 가져오는 결정타

변혁을 가져오는 여러 가지 요인 가운데 굳이 재료에 주목한 이유는 재료가 변혁을 위한 '속도결정단계'Rate-determining step라고 생각했기 때문이다. 속도결정단계는 생화학 용어로, A가 B로 변화하고, B가 C로, C가 D로 변화하는 연속된 흐름에서 가장 화학반응 속도가 느린 단계를 가리킨다. 이 단계의 속도가 전체 속도를 결정하므로 이러한 이름이 붙었다.

예를 들어 총 100km인 길을 달리면서 그중 10km의 정체 구간을 빠져나가는 데 두 시간이 걸렸다면, 남은 거리를 시속 80km로 달리든 120km로 달리든 전체 소요 시간에는 그다지 차이가 없다. 이 정체 구간이 바로 '속도결정단계'다.

앞에서 말했듯 문명이 한 단계 위로 나아가려면 다양한 요인이 필요하다. 뛰어난 재능을 가진 사람, 사람들의 의식 변화, 정치와 경제, 기상과 재해 등 수많은 요소가 얽혀서 필요한 조건이 하나라도 빠지면 변화는 일어나지 않는다. 그중에서도 훌륭한 신소재는 다른 요인보다 출현하기가 극히 어렵다. 그래서 '시대가 원하는 재료의 등장이 바로 세상에 커다란 변화를 일으키기 위한 결정타, 즉 속도결정단계가 아닐까'라는 것이 내가 세운 가설이다.

앞서 이야기한 레코드판을 예로 들어보자. 레코드판은 처음에 락깍지진디의 분비물을 굳힌 '셸락'Shellac이란 수지로 만들었다. 그러다 1950년대 들어 폴리염화비닐(염화비닐)로 만든 레코드판이 등장하자 단숨에 팝뮤직이라는 거대 시장이 형성되었다. 무르고 쉽게 마모되는 셸락에 비해 폴리염화비닐은 튼튼하고 가벼우며 보존성이 뛰어날 뿐 아니라 대량생산도 가능하다. 이 훌륭한 재료가 없었다면 이토록 많은 사람이 음악을 접하지 못했을 것이다.

1950년대 이후 전 세계 음악계에서는 스타가 잇달아 출현함으로써 이전 시대와 음악계의 양상이 완전히 달라졌

○ 1920년대 레코드판. 셸락으로 만들었다.

다. 그럼 1950년대 이전에는 뛰어난 재능의 소유자가 없었을까? 그렇지 않을 것이다. 엘비스 프레슬리, 비틀스와 어깨를 나란히 할 만한 뛰어난 가수는 있었지만 그들의 작품을 싼값에 고품질로 전 세계 사람에게 전해줄 재료가 없었을 뿐이다.

우리가 음악을 전 세계 어디에서나 듣게 된 데에는 TV의 보급 역시 빼놓을 수 없다. 그러나 이것만으로는 거대한 음악 시장이 성립하지도, 뛰어난 재능이 계속해서 나타나지도 않았을 것이다. 전 세계 음악 문화의 속도결정단계는 폴리염화비닐이란 재료의 등장이었다.

덧붙여 기록 매체의 발달은 음악 그 자체, 혹은 음악가라는 직업이 존재하는 의미까지 크게 바꾸어놓았다. 200~300년 전에도 훌륭한 가수와 연주가가 많았지만 오늘날까지 이름을 남긴 사람은 모차르트나 베토벤과 같은 작곡가다. 작곡가는 종이 악보로 자신의 작품을 먼 나라와 후세에 전할 수 있었으나, 연주는 일회성이므로 제아무리 훌륭한 연주라도 그 장소에 없는 사람에게까지 감동을 전할 수는 없었다.

오늘날에는 가수와 연주자가 연주하는 모습을 시공간을 초월해 멀리 떨어진 수억 명의 사람에게 녹음이나 녹화를 해서 고스란히 전달할 수 있다. 20세기 이후, 직접 감동을 만들어내는 가수와 연주가가 주목받고 작곡가는 배후에 머무르게 된 커다란 변화의 이유는 기록 매체가 달라졌기 때문이다.

역사를 움직인 재료에도 여러 유형이 있다. 석기나 철, 폴리염화비닐 등은 대량으로 보급됨으로써 역사를 움직인 재료다. 반면, 희소하고 귀중하다는 이유로 쟁탈 대상이 되어 역사를 뒤흔든 재료도 있다. 금이나 비단 등이 여기에 해당한다.

　재료는 태생에 따라 분류할 수도 있다. 최초에 인류는 석기나 목재처럼 자연계에서 채집한 재료를 형태 그대로 이용했다. 머지않아 철과 같이 자연계에서 채집한 물질을 가공해 만든 재료가 나타났고, 더 나아가 플라스틱처럼 자연계에서 유례를 찾기 힘든 인공 재료가 탄생했다. 그리고 현대의 재료는 정밀하게 분자를 설계함으로써 천연 상태에서는 보기 힘든 기능을 갖추게 되었다.

　이 책에서는 수많은 재료 중에서 인류에게 극적인 변화를 가져온 12가지를 뽑아 역사와의 관계를 소개한다. 이를 통해 새로운 재료만이 시대의 포문을 여는 열쇠라는 사실을 독자 여러분과 함께 살펴보고자 한다.

사토 겐타로

일러두기

1. 이 책에 등장하는 원소와 화합물의 표기는 세계표준인 IUPAC에 근거한 대한화학
   회 명명법을 따랐습니다(예: 나트륨→소듐, 칼륨→포타슘).
   단, 우리말로 되어 있는 경우에는 우리말 체계를 따랐습니다(예: 콜라겐).
2. 본문에 나오는 인명, 지명, 사명 등은 외래어 표기법에 따라 표기했으며, 기존에
   통용되는 표기법이 있는 경우에는 일반적으로 통용되는 표기법을 따랐습니다.
3. 복합명사는 표준국어대사전 등재어의 경우 붙여 썼으나 그 이외에는 띄어 썼습니다.
4. 본문에 등장하는 도서 중 국내 출간 도서는 출간명으로 표기했고, 미출간 도서는
   번역한 제목과 원제를 함께 표기했습니다.
5. 주석은 경우에 따라 옮긴이와 편집자 주로 따로 표기했습니다.

제1장

인류사를
움직인 찬란한 빛
금

금의 색이 은백색이나 청색이었다면
세계 역사와 경제는 어떻게 변했을까.
어쩌면 지금보다 훨씬 평화로웠겠지만
훨씬 따분한 세상이 아니었을까.

인간을 유혹한 최초의 빛

　세계사를 바꾼 신소재의 첫 타자는 금이다. 금만큼 많은 사람이 갈망
하고 욕망했던 물질도 없다.
　예전에 도쿄의 한 박물관에서 금에 관한 전시를 본 적이 있는데, 끝도
없이 늘어선 줄을 보고 관람을 포기할까 생각했을 만큼 전시회는 대성
황이었다. 다른 어떤 금속, 다른 어떤 재료도 이토록 많은 사람을 매료
시키고 끌어모을 수는 없을 것이다. TV나 인터넷 덕분에 전 세계의 온
갖 진귀하고 기이한 물건에 익숙한 현대인조차 금의 찬란한 빛에 깊이 매
료되니, 고대인에게 금은 얼마나 매력적이었을까.
　고도의 야금 기술을 발휘해야만 얻을 수 있는 철이나 구리와 달리, 금

은 자연에서 순수한 금속 형태로 얻을 수 있다. 또 다른 물질과는 달리 광택이 나므로 고대인이 발견하기 가장 쉬운 금속이었다. 이런 이유로 금은 아마도 전 세계 많은 민족이 맨 처음 접한 금속이었을 것이다.

금은 항상 아름답게 빛나며, 어떤 조건에서도 녹슬거나 변하지 않고 같은 상태를 유지한다. 이집트 신왕국시대(기원전 1570?~기원전 1070?)의 파라오인 투탕카멘의 황금 마스크는 만들어진 지 3,000년도 더 지났지만, 마치 어제 만든 것처럼 눈부신 광채를 내뿜는다. 민중에게 왕의 힘을 보여주는 데 이보다 더 좋은 재료는 없었다.

금은 변하지 않고 누구나 손에 넣고 싶어 하는 것이었으므로 폐기되지 않고 재사용되면서 오늘날에 이르렀다. 지금 우리 눈앞에 있는 금화는 한때 로마에서 거래에 사용되었을지도 모른다. 혹은 베르사유 궁전에서 왕의 몸을 장식하는 데 쓰였을 수도 있다. 이처럼 금은 인류의 역사와 낭만이 하나로 응축된 존재이기도 하다.

손끝으로 금을 만든 남자

그리스 신화에 나오는 미다스 왕의 이야기는 금을 소유하려는 인간의 욕망을 단적으로 표현한 가장 오래된 이야기일 것이다. 미다스 왕은 술에 잔뜩 취한, 디오니소스 신의 스승 실레노스를 극진히 대접한 덕분에 디오니소스로부터 어떤 소원이든 한 가지를 이루어주겠다는 제안을 받는다. 그러자 미다스 왕은 손에 닿는 것은 모조리 금으로 변하는 능력을 달라고 말한다. 미다스 왕은 소원을 이루어 기뻐했지만 마시려 했던 물도 먹으려 했던 음식도 모조리 금으로 변해버린다는 사실을 곧 깨닫는다. 가장 사랑했던 딸마저 황금 조각상으로 변하자 그는 자신의 욕망을 크게 뉘우치고 신에게 참회한다. 디오니소스는 '팍톨로스강에 가서 물로 몸을 씻으라'는 신탁을 내렸고 미다스 왕이 그대로 행하자 모든 것이 무사히 원래 상태로 되돌아왔다고 한다.

미다스 왕은 실존 인물로, 기원전 8세기 말경에 프리기아(현재의 터키 중서부)를 통치했다. 실제로 프리기아 왕국은 금 덕분에 풍요로웠고, 팍톨로스강에서는 사금이 많이 채취되므로 이 이야기는 상당히 그럴싸하다.

이 신화는 금이라는 물질의 성질을 잘 꿰뚫고 있다. 앞뒤를 분간하지 못하게 될 만큼 누구나 금을 갈망하지만 금 자체는 어떤 일에 딱히 도움이 안 된다. 몸을 치장하거나 원하는 물품과 교환하는 용도가 아니라면 쓸모없는 물질이다.

실제로 금을 실용적인 용도에 사용할 경우 이점이 거의 없다. 비중이 19.3(철의 약 2.5배)에 달하는 데다 무르고 쉽게 상처가 나서 무기나 공구 등으로 사용하기에 부적합하다. 금화나 장신구조차 순금으로 만들면 경도가 충분하지 않은 탓에 은이나 구리를 10% 정도 섞은 합금을 사용한다. 치아 치료용 재료나 전자기기 부품 등 금의 특성을 잘 활용한 용도가 개발된 것은 먼 훗날의 일이다.

화폐의 시작, 경제의 탄생

그럼 금의 가장 중요한 용도, 즉 금화는 언제부터 사용되었을까? 정설은 기원전 7세기 소아시아 서부의 리디아 왕국에서 처음으로 사용되었다는 것이다. 금화의 원료는 팍톨로스강에서 채집한 사금이라고 하니 미다스 왕이 금화의 등장에 일조했다고 할 수 있지 않을까?

단, 사금에는 은이 포함되어 있고 함유량도 일정하지 않았기 때문에 인공적으로 은을 넣어 금과 은의 비율을 맞췄다고 한다. 이 합금 덩어리를 일정한 크기로 잘라 깔판에 올려놓고 망치로 두드려 무늬를 새김으로써 인류 역사상 최초로 화폐가 탄생했다. 크고 작은 다양한 크기의 주화가 만들어졌고, 손쉽게 거래할 수 있도록 각 주화의 무게를 정수비로 맞췄다고 하니, 당시에도 상당히 지혜로운 자가 있었던 듯하다.

○ 아우레우스 금화. 카이사르가 로마제국을 통일한 후 제정했다.

'가치'를 눈에 보이는 형태로 측정할 수 있게 해준 화폐의 탄생은 인류 역사에 영원히 각인되어야 마땅한 대사건이었다. 이전까지는 인류가 소유한 물품을 서로 적당히 교환했지만 화폐라는 매개체가 생김으로써 정확하게, 즉 가치를 정밀하게 측정해 이를 바탕으로 물품을 거래하게 된 것이다.

　로빈슨 크루소는 표류 끝에 도달한 섬에서 생활에 필요한 물품을 모두 혼자서 만들었고, 필요한 작업 또한 모두 혼자서 해냈다. 그러나 이런 생활에는 한계가 있으며, 무엇을 만들거나 무슨 일을 해도 그저 그런 수준밖에 되지 못한다. 가지고 싶은 물품과 가지고 있는 능력을 교환해 각자 자신 있는 일을 특화해야만 훨씬 나은 물품과 시스템을 만들어낼 수 있다. 원활한 교역과 분업화야말로 진보와 발전의 열쇠다. 이를 가능케 한 화폐의 발명은 인류가 비약하기 위한 커다란 발걸음이었다.

　그렇다면 화폐의 재료는 어떤 조건을 갖추어야 할까? 누구나 가지고 싶어 하는 귀중한 물품이어야 하고, 작고 운반하기 쉬워야 하며, 오랜 기간 변하지 않아서 가치가 유지되어야 한다. 게다가 일정한 형태로 가공하기 쉬워야 한다. 금은 이 모든 필요조건을 완벽하게 충족하는 재료였다.

　다만 금화는 이후 서서히 은과 동(구리)에 자리를 내주게 된다. 고대 로마에서는 아우레우스 금화나 솔리두스 금화 등도 주조했지만 기본 화폐로는 데나리우스 은화나 세스테르티우스 동화를 사용했다. 금화는 너무 고가여서 일상적으로 거래할 때는 사용하지 않았고, 대개 저축용으로 사용했던 듯하다.

세계 경제를 움직이는 세 자매

금·은·동(구리)은 지금도 주화에 널리 사용된다. 이것이 바로 '금속화폐'coinage metal다. 현재 일본에서 사용하는 주화를 보면, 5엔에는 60~70%, 10엔에는 95%, 50엔과 100엔에는 75%, 500엔에는 72%의 동이 포함되어 있다. 또 올림픽 등의 행사 때는 기념주화로 금화와 은화를 발행한다.

원소주기율표를 보면 금·은·동은 같은 세로줄에 있는, 말하자면 자매나 다름없는 원소다. 같은 세로줄에 있다는 것은 성질이 비슷하다는 뜻으로, 세 금속 모두 화학변화가 좀처럼 일어나지 않는다. 참고로 셋 중에서 동이 가장 반응성이 높으므로 쉽게 녹이 슬며, 은은 그다음이고, 금이 가장 안정하다. 자연에서 산출되는 양은 은이 금의 열 배 정도, 동이 은의 수백 배 정도 많다. 화폐 가치 또한 당연히 존재량에 비례해서 결정된다.

원소는 기본적으로 원자번호(원자핵에 포함된 양성자의 수)가 커질수록 불안정해진다. 금은 원자번호가 79로, 안정하게 존재할 수 있는 원자번호의 한계인 82에 가깝다. 또 원자번호가 홀수인 원소는 짝수인 원자보다 불안정하며, 보통 존재량이 적다. 금이 귀중한 금속인 이유는 여기에 있다.

현재까지 채굴된 금의 양은 전 세계에 있는 모든 금을 합쳐도 올림픽 경기가 열리는 수영장의 세 배 정도밖에 되지 않는다. 어처구니없을 만큼 적은 양인데, 그 이유 중 하나는 금이 물보다 스무 배가량 무거운 탓에 중량에 비해서 부피가 상당히 작기 때문이다.

인류가 금을 숭배한 이유는 희소성 때문이기도 하지만 금이 찬란하고 아름답게 빛나는 금속이란 사실도 한몫했다. 확실하게 빛깔을 띠는 홑원소 물질인 금속은 금 이외에 동이 유일하다(그밖에 오스뮴이란 금속은 옅은 청백색으로 보인다). 올림픽 메달에 금·은·동이 채택된 큰 이유는 이런 특성 덕분이다. 참고로 금이 황금빛을 띠는 이유에는 상대성이론 등도 얽혀 있어서 그 이유를 설명하자면 이야기가 조금 어려워진다.

어찌 됐든 금의 찬란한 빛은 인류사에 지대한 영향을 끼쳤다. 전 세계의 거의 모든 민족이 다른 수많은 백색·은색 금속보다 금을 훨씬 귀하게 여긴다. 금과 거의 비슷한 정도로 녹슬지 않으며 금보다 값비싼 금속인 백금이 역사에 거의 얼굴을 내밀지 못한 것과는 대조적이다(백금은 녹는점이 높아 가공하기 어려웠던 것도 한 가지 이유다). 금을 손에 넣으려 중남미를 침략한 스페인인들은 정련(광석이나 기타 원료에 든 금속을 뽑아내어 정제하는 일—옮긴이)에 방해가 된다며 백금을 폐기했을 정도다. 카르티에가 백금을 장신구로 선택한 20세기 이후가 되어서야 인류는 백금을 귀금속으로써 본격적으로 예찬하게 되었다.

○ 원소주기율표

표기법

표기법
| 원자번호 |
| **기호** |
| 원소명 |

1 **H** 수소								
3 **Li** 리튬	4 **Be** 베릴륨							
11 **Na** 소듐	12 **Mg** 마그네슘							
19 **K** 포타슘	20 **Ca** 칼슘	21 **Sc** 스칸듐	22 **Ti** 타이타늄	23 **V** 바나듐	24 **Cr** 크로뮴	25 **Mn** 망가니즈	26 **Fe** 철	27 **Co** 코발트
37 **Rb** 루비듐	38 **Sr** 스트론튬	39 **Y** 이트륨	40 **Zr** 지르코늄	41 **Nb** 니오브	42 **Mo** 몰리브데넘	43 **Tc** 테크네튬	44 **Ru** 루테늄	45 **Rh** 로듐
55 **Cs** 세슘	56 **Ba** 바륨	란타넘족	72 **Hf** 하프늄	73 **Ta** 탄탈럼	74 **W** 텅스텐	75 **Re** 레늄	76 **Os** 오스뮴	77 **Ir** 이리듐
87 **Fr** 프랑슘	88 **Ra** 라듐	악티늄족	104 **Rf** 러더포늄	105 **Db** 더브늄	106 **Sg** 시보귬	107 **Bh** 보륨	108 **Hs** 하슘	109 **Mt** 마이트너륨

57 **La** 란타넘	58 **Ce** 세륨	59 **Pr** 프라세오디뮴	60 **Nd** 네오디뮴	61 **Pm** 프로메튬	62 **Sm** 사마륨
89 **Ac** 악티늄	90 **Th** 토륨	91 **Pa** 프로트악티늄	92 **U** 우라늄	93 **Np** 넵투늄	94 **Pu** 플루토늄

								2 **He** 헬륨
			5 **B** 붕소	6 **C** 탄소	7 **N** 질소	8 **O** 산소	9 **F** 플루오린	10 **Ne** 네온
			13 **Al** 알루미늄	14 **Si** 규소	15 **P** 인	16 **S** 황	17 **Cl** 염소	18 **Ar** 아르곤
28 **Ni** 니켈	29 **Cu** 구리	30 **Zn** 아연	31 **Ga** 갈륨	32 **Ge** 저마늄	33 **As** 비소	34 **Se** 셀레늄	35 **Br** 브로민	36 **Kr** 크립톤
46 **Pd** 팔라듐	47 **Ag** 은	48 **Cd** 카드뮴	49 **In** 인듐	50 **Sn** 주석	51 **Sb** 안티모니	52 **Te** 텔루륨	53 **I** 아이오딘	54 **Xe** 제논
78 **Pt** 백금	79 **Au** 금	80 **Hg** 수은	81 **Tl** 탈륨	82 **Pb** 납	83 **Bi** 비스무트	84 **Po** 폴로늄	85 **At** 아스타틴	86 **Rn** 라돈
110 **Ds** 다름슈타튬	111 **Rg** 뢴트게늄	112 **Cn** 코페르니슘	113 **Nh** 니호늄	114 **Fl** 플레로븀	115 **Mc** 모스코븀	116 **Lv** 리버모륨	117 **Ts** 테네신	118 **Og** 오가네손

63 **Eu** 유로퓸	64 **Gd** 가돌리늄	65 **Tb** 터븀	66 **Dy** 디스프로슘	67 **Ho** 홀뮴	68 **Er** 에르븀	69 **Tm** 툴륨	70 **Yb** 이터븀	71 **Lu** 루테튬
95 **Am** 아메리슘	96 **Cm** 퀴륨	97 **Bk** 버클륨	98 **Cf** 캘리포늄	99 **Es** 아인슈타이늄	100 **Fm** 페르뮴	101 **Md** 멘델레븀	102 **No** 노벨륨	103 **Lr** 로렌슘

동쪽 끝 황금의 섬 '지팡구'

　일본 역사에 처음으로 등장한 금은 후쿠오카현 시카노섬에서 출토된 '한위노국왕'漢委奴國王 금 인장이다. 중국 후한(25~220)의 광무제가 57년에 하사한 것으로 추정된다. 인장 손잡이 부분은 정교하고 치밀하게 가공되었으며, 옆면은 부드럽게 마무리되어 아름답게 빛난다. 당시 일본인 눈에는 인장의 금이 분명 신의 나라에서 온 물질로 비쳤을 것이다.

　그 후 일본 각지에서도 금광맥과 사금이 발견되었다. 금을 찾게 된 계기는 아마 불교의 전래였던 듯하다. 부처님의 가르침이 얼마나 존엄한지를 표현하는 데 금의 아름다움이 가장 적합하다고 여긴 것이다. 일본에서 가장 유서 깊은 불교 사원 아스카사飛鳥寺(6세기 말 건립)에도 금붙이 판금 등이 봉납되어 있다. 7세기에는 일본 각지에 신전이나 사원이 잇달아 건립되면서, 광산이 활발하게 개발되었다.

　이와 더불어 금을 가공하는 기술 또한 발전했다. 나라현에 있는 도다이지東大寺의 대불전은 창건 당시에 전신이 금으로 도금되어 현재의 중후한 색채와는 전혀 다른 이미지였다. 도금에 사용한 금은 430kg으로 현재 시세로 환산하면 그 가치가 약 200억 원이 넘는다. 당시 일본은 세계에서도 손꼽히는 금 산출지였던 셈이다.

　특히 도호쿠 지방에서 산출되는 풍부한 사금은 헤이안시대 말기(11세기 말~12세기 말) 약 백 년간 오슈 후지와라 가문의 번영을 뒷받침했다. 후지와라 가문은 3대에 걸쳐 교토 조정에 금을 보냄으로써 그들을 회유하고 오슈를 사실상 지배했다. 그 상징이라 할 만한 히라이즈미에 위치한 주손지_{中尊寺}의 곤지키도_{金色堂}(48개 불상을 금으로 장식하여 극락정토를 표현한 전당―편집자)를 보면, 마르코 폴로가 이야기한 '황금의 나라 지팡구' 이미지는 과장이 아니었다는 생각이 든다.

광물 자원이 그리 풍부하지 않은 일본에 이토록 많은 금이 있었다는 사실이 조금 의아하기도 하다. 이에 관해 최근 호주의 한 연구팀은 흥미로운 가설을 발표했다. 금광맥이 지진으로 형성될지도 모른다는 가설이다.

지하 동굴에는 금과 각종 미네랄을 미량 포함한 물이 높은 압력으로 갇힌 곳이 있다. 지진으로 이 틈이 벌어지면 지하의 압력이 내려가 물 일부가 기화하고, 녹아 있던 금은 결정이 되어 가라앉는다. 이런 현상이 오랜 세월에 걸쳐 반복됨으로써 금광맥이 형성된 것이라는 가설이다. 그렇다면 지진이 자주 일어나는 일본에서 금광맥이 발견되는 것에도 고개가 끄덕여진다.

비약적인 과학 발전의 문을 연 연금술

인류가 금을 손에 넣고자 일으킨 전쟁은 역사상 무수히 많다. 스페인의 프란시스코 피사로_{Francisco Pizarro}가 잉카제국을 정복한 목적도 남미에서 생산되는 풍부한 금을 얻기 위해서였다. 잉카제국의 마지막 황제, 아타우알파_{Atahualpa}를 생포한 피사로는 황제를 넘겨주는 대신 방 안에 가득

○ 윌리엄 페티스 더글러스가 그린 〈연금술사〉

찰 만큼의 금은을 요구했는데, 이는 몸값으로는 세계 최고 기록으로 기네스북에까지 올랐다.

금의 찬란한 빛이 사람을 움직이게 한 또 다른 예로는 미국 캘리포니아주에서 일어난 골드러시가 있다. 계기는 1848년 어느 아침, 새크라멘토강에서 발견된 사금이었다. 소문은 삽시간에 퍼졌고, 금을 채굴하기 위해 미국 내는 물론이거니와 중국과 유럽에서도 사람들이 몰려왔다. 채굴자 수는 대략 30만 명이었다고 한다.

인구가 수백 명에 불과했던 시골 마을 샌프란시스코(새크라멘토강과 샌와킨강이 합류하여 샌프란시스코만으로 흘러든다. ―편집자)는 수년 만에 미국 굴지의 도시로 변모했다. 데님은 리바이 스트라우스 Levi Strauss 가 채굴자의 작업복으로 개발한 옷이며, 신용카드로 유명한 아메리칸 익스프레스는 본래 채굴자 대상 운송 서비스업으로 시작한 회사였다. 금을 손에 넣으려는 사람들의 에너지가 세계적 기업을 탄생시킨 계기가 된 것이다.

한편, 피땀 흘리지 않고 황금을 얻으려는 시도 역시 고대부터 계속되었다. 철이나 납과 같은 비금속 卑金屬(공기 중에서 쉽게 산화하는 금속을 통틀어 이르는 말―옮긴이)을 이용해 금을 만들어내는 '연금술'이 그것이다. 현존하는 기록만 보아도 그리스시대에 이미 금을 만들려는 시도가 있었으며 이슬람, 인도, 중국 등 문명이 존재했던 거의 모든 곳에서는 끊임없이 금을 만들어내려고 했다.

서양의 연금술사들은 '현자의 돌'이란 물질을 찾으려 했다. 오늘날의 화학 용어로 말하자면 '촉매' 찾기라고나 할까. 그들은 현자의 돌이 비금속을 금으로 바꿀 뿐 아니라 인간에게 불로불사의 힘을 준다고 여겼다. 금을 만드는 일에는 거부하기 힘든 매력이 있었는지 8세기 아랍의 대학자 자비르 이븐 하이얀Jabir Ibn Hayyan, 16세기 스위스의 의학자 파라켈수스Paracelsus 등 당대 최고의 지성이라 불렸던 인물들이 연금술에 몰두했다. 조금 의외지만 아이작 뉴턴 또한 60세 이후 25년간을 연금술에 바쳤고, 뜻을 이루지 못한 채 세상을 떠났다.

현대 화학의 관점에서 보면 플라스크 안에서 원소를 전환하는 일은 절대 불가능하므로 수천 년에 걸친 도전은 아무런 가치 없는 행위였다. 그러나 그 과정에서 초산, 황산, 인 등 각종 화학 물질이 발견되었고, 증류나 추출과 같은 화학 실험의 기본 기술이 연마되었다. 이러한 의미에서 연금술은 화학의 모태가 되었다기보다는 화학과 한 몸으로, 연금술과 화학의 경계선은 불분명하다고 할 수 있다.

화학을 뜻하는 영어 단어 '케미스트리'chemistry는 '연금술'alchemy에서 유래한 말인데, 더 나아가 어원이 중국어의 '금'jin이라는 설도 있다. 현대 화학이 금에 뒤지지 않을 만큼 유용한 물질군을 다수 만들어낸다는 점을 생각하면 연금술사들의 노력도 헛된 행위는 아니었다고 할 수 있다.

이렇게 발전한 화학 덕분에 금은 새로운 용도로 쓰이게 되었다. 금은 상당히 가늘고 길게 늘일 수 있으며 전도성 또한 높다. 이 같은 성질을 이용해 현재 반도체의 전극과 칩을 연결하는 배선에 금을 사용한다. 최소한의 공간에 고밀도 배선을 넣어야 하는 휴대전화 등의 고도 첨단 기기에 안성맞춤인 것이다.

스마트폰 한 대에 들어가는 금은 평균 약 30mg이다. 2017년 전 세계 스마트폰 생산량이 약 14억 6,000만 대이므로, 가격으로 따지면 약 2조 원 분량의 금이 전 세계 사람의 주머니에 들어 있는 셈이다. 이러한 고도 첨단 기기에 포함된 금을 '도시광산'이라고 하는데, 현재 이 금을 회수하는 기술에 이목이 쏠리고 있다.

게다가 금은 나노 크기의 미립자로 만들 경우 선명한 붉은빛을 발하는 등 평상시와 다른 성질을 띤다. 최근 들어 이 같은 금 나노 입자가 유해 물질을 분해하거나 플라스틱 원료를 제조할 때 촉매로 작용한다는 사실이 명확해졌다. 현재 이 유망한 분야에 많은 연구자가 뛰어들고 있어 이러한 현상을 '나노 골드러시'라 부를 정도다. 금은 이제 아름답기만 한 금속에서 벗어나고 있다.

어째서 금은 사람의 마음을 끌어당길까?

금에는 아직도 커다란 수수께끼가 한 가지 있다. '어째서 금만이 이토록 사람의 마음을 끌어당길까'란 문제다. 금속이나 귀중한 재료는 금 이외에도 수없이 많지만, 서두에서 언급했듯이 금만큼 사람을 매혹하고, 광기에 휩싸이게 하며, 포로로 만든 금속은 거의 없다. 다른 금속에는 없는 금이 가진 마력의 정체는 대체 무엇일까?

내 생각에는 금의 번쩍거리는 빛이 태양이나 불의 색깔과 비슷하기 때문인 듯하다. 인류는 예부터 어둠을 두려워해 캄캄한 밤에 다가오는 적이나 동물을 두려워하며 생활했다. 고대인에게 모닥불이나 반짝이는 아침 해는 분명 희망의 빛으로, 밤새 바라 마지않던 생명줄이었을 것이다. 금색 빛을 원했던 기억은 유전자에 새겨져, 현대를 살아가는 우리가 금을 손에 넣으려는 마음으로서 나타나는 것이 아닐까? 어쩐지 금에 대한 애착과 집착은 본능에 뿌리를 두고 있는 것 같다.

앞에서 설명했듯이 인류가 맨 처음 임시로 가치를 부여하기 위해 선택한 재료는 금이었다. 그러나 머지않아 금의 지위는 은과 동, 심지어 종이로 옮겨갔고, 지금은 플라스틱 카드와 실체가 없는 전자데이터가 그 역할을 이어받으려 하고 있다.

하지만 지폐나 전자데이터를 언제나 필요한 물건과 교환할 수 있는 이유는 '이 종이에는 가치가 있다'란 환상을 모두가 공유하기 때문이다. 전쟁 또는 혁명, 인플레이션 등이 일어나면 이 환상은 망상이 되어 가치를 잃는다.

물론 금에 가치가 있다는 믿음 역시 환상에 지나지 않는다. 단, 이 환상이 인간의 본능에 호소하는 것이라면 금은 환상이 잠시 머무르기에 최적의 장소일 것이다. 아무리 시대가 변해도 사람들이 '유사시에는 역시 금'이라고 주장하며 재산을 금으로 바꾸려는 이유도 여기에 있다. 그렇다면 틀림없이 인류 역사가 끝날 때까지 금은 보물로 숭배되고, 금을 차지하기 위해 다툼이 벌어지리라.

철학자 블레즈 파스칼Blaise Pascal은 '클레오파트라의 코가 조금만 낮았더라도 세계 역사는 완전히 달라졌을 것이다'란 유명한 말을 남겼다. 그럼 말을 바꿔서 금의 색이 은백색이나 청색이었다면 세계 역사와 경제는 어떻게 변했을까? 어쩌면 지금보다 훨씬 평화로운 세계가 되었을지도 모른다. 하지만 지금보다 훨씬 따분한 세상이 아니었을까? 어쩐지 이런 생각이 든다.

제2장

만 년을 견딘
재료
도자기

플라스틱이나 알루미늄 등
훌륭한 신소재가 등장한 오늘날에도
도자기는 여전히 활발하게 사용된다.
인류 문명을 이토록 오랜 기간
지탱한 재료는 손에 꼽힐 정도다.

인류 최초의 발명품, 그릇

 이사할 때 짐을 한꺼번에 상자에 쓸어 담고 나면 그릇이란 참 고마운 존재란 생각이 든다. 물을 마시려 해도 컵이 없고, 식사를 하려 해도 접시와 밥공기가 없다. 또 쓰레기를 버리려 해도 쓰레기통이 없다. 평소에는 전혀 의식하지 못하다가 우리가 얼마만큼 그릇에 신세를 지는지 새삼스레 느끼게 된다.

 그리고 보면 인류 최초의 발명품이 그릇이란 사실은 매우 당연해 보인다. 세계 각지에서는 흙을 반죽해 형태를 잡은 후 불에 구워 만든 토기를 오래전부터 사용해왔다. 어느 학자의 말을 빌리자면 고고학이란 학문은 어느 나라에서든 항아리와 파편을 찾는 일에서 시작된다고 한다. 토기, 도기, 자기 등의 발달 정도는 한 문명의 성숙도를 재는 유용한 척도다.

무엇보다 놀라운 사실은 플라스틱이나 알루미늄 등 훌륭한 신소재를 얼마든지 손에 넣을 수 있는 오늘날에도 도자기는 여전히 활발하게 사용된다는 점이다. 현재 우리가 일상생활에서 사용하는 밥공기나 질냄비는 형태와 재질이 각 유적지에서 출토되는 토기와 기본적으로 똑같다.

용도가 매우 다채롭다는 점 또한 도자기의 커다란 특징이다. 값을 매기기 힘들 만큼 귀중한 예술품인 자기부터 벽돌과 타일, 기와 등 친근하고 값싼 재료에 이르기까지, 도자기의 활용 범위는 상상을 초월할 만큼 넓다. 인류 문명을 이토록 오랜 기간 폭넓게 지탱한 재료는 손에 꼽힐 정도다.

안전한 식생활을 가져온 터닝포인트

최초의 도자기인 토기는 언제 처음으로 만들어졌을까? 오늘날 세계에서 가장 오래되었다고 추정되는 토기는 중국 후난성에서 출토된 것으로, 보고에 따르면 약 1만 8,000년 전에 만들어졌다고 한다. 또 일본 아오모리현의 오다이야마모토 유적에서 발굴된 조몬토기繩文土器 역시 약 1만 6,000년 전에 만들어졌다고 추정한다. 동아시아에서는 이집트나 메소포타미아 문명보다 훨씬 옛날부터 토기를 사용한 셈이다.

점토를 물로 반죽해 말린 다음 불에 구우면 단단하고 튼튼한 재료가 된다는 사실은 불을 사용하면서 자연스럽게 터득했을 것이다. 불을 사용하기 시작한 연대에는 여러 설이 있지만, 적어도 20만 년은 거슬러 올라가야 하므로 더 일찍부터 토기를 사용했어도 전혀 이상하지 않다. 그런데도 토기를 사용하기까지 이토록 오랜 시간이 걸린 까닭은 무엇일까? 사실 이 단순한 의문에 대한 결정적인 답은 아직 없다.

일본에서 토기를 사용하기 시작한 때는 빙하기가 끝나갈 무렵이다. 날이 풀리고 도토리와 같은 식자재를 간단히 얻을 수 있게 되면서 재료를 푹 삶아 떫은맛을 우려내려는 목적에서 토기를 만들기 시작했다는 견해가 있다. 식량을 확보하게 되자 사냥감을 구하러 이곳저곳으로 이동할 필요가 사라졌다. 정착을 위해 토기가 만들어졌든, 토기가 정착을 촉진했든, 인류가 정착 생활을 시작한 커다란 전환점에 토기가 밀접하게 관련되어 있었음은 분명하다.

인류는 다양한 목적에 따라 토기를 만들었다. 도자기를 의미하는 한자를 보면 '단지'(壺), '주발'(椀), '병'(甁), '두레박'(罐), '독'(甕), '시루'(甑), '잔'(杯), '솥'(鬲) 등 놀랄 만큼 종류가 다양해서 고대인이 도자기를 얼마나 정성스럽게, 그리고 절묘하게 구분해 사용했는지를 엿볼 수 있다. 다양한 그릇을 사용해 물과 식량을 조리하고 보존하면서 인류는 안전하게 식량을 확보하는 것은 물론, 전염병 또한 예방할 수 있게 되었다. 토기는 인류가 번영하는 데 크게 기여한 셈이다.

도자기는 어째서 단단할까?

점토는 물로 반죽해 말리기만 해도 형태가 유지된다. 실제로 중동, 북아프리카 지역 등에서는 점토를 틀에 채운 다음 햇볕에 말려서 만든 '흙벽돌'을 건축 자재로 널리 사용한다. 단, 흙벽돌은 비에 약하고 강도도 떨어지는 까닭에 건조한 지역이 아니면 사용하기 어렵다. 점토를 햇볕에 말려 항아리 등을 만들어도 물을 담으면 녹아버리므로 실용적이지 못하다. 형태를 잡은 후 불에 구워야만 비로소 실생활에서 사용할 수 있는 그릇이 된다.

점토를 구웠을 때 강도와 내수성이 높아지는 이유는 무엇일까? 간단히 설명하자면, 높은 열로 화학반응이 일어남으로써 원자끼리 서로 연결되어 새로운 결합을 만들어내기 때문이다.

점토는 각종 광물의 미세한 결정이 한데 모인 것이다. 결정 속, 즉 점토 입자 하나하나는 규소나 알루미늄 같은 플러스 전하를 띠기 쉬운 원자와 마이너스 전하를 띠기 쉬운 산소 등이 교대로 결합해 정글짐처럼 견고한 네트워크를 형성한다.

하지만 결정 표면을 형성하는 원자에는 결합할 상대 원자가 없다. 이런 까닭에 표면 원자는 물 분자 등에서 빼앗은 수소 원자와 결합하거나 불규칙한 형태로 근처 원자와 일단 결합해 짝 없는 외로움을 달랜다. 이 표면 원자는 결정 내부의 원자처럼 기회가 있다면 제대로 된 짝을 만나 안정적으로 연결되기를 늘 바란다.

○ 흙벽돌로 지은 집. 습기에 취약해 사막과 같은 건조한 지역에서만 유용하게 사용된다.

불로 열을 가하는 행위는 이 같은 외톨이 원자에게 그토록 바랐던 '짝 찾기' 기회를 제공해준다. 열이 원자를 활발히 움직이게 해서 다시 편성하고 결합하도록 촉진하는 것이다. 물로 반죽해서 만든 점토는 세밀한 결정들이 서로 딱 붙어 있는 상태다. 열을 가해 표면 원자를 흔들면 새로운 원자끼리 결정들 사이에 다리를 놓듯이 결합함으로써 점토 전체 조직이 더욱더 치밀하고 단단해진다. 이것이 본래 점토 덩어리에는 없고 도자기에만 있는 견고함의 비밀이다.

도자기는 수천 년에 걸쳐서 형태를 유지하며, 원래 상태인 점토로 돌아가지 않는다. 우리 선조가 정성을 다해 만든 토기를 현대에 사는 우리가 직접 바라볼 수 있는 이유는 모두 원자 사이의 튼튼한 네트워크 덕분이다.

도자기 때문에 숲이 사라졌다?

점토를 저온에서 구워 만든 그릇을 '질그릇'이라고 한다. 특히 중국에서는 도자기를 만들기에 적합한 땅을 고르는 기술, 수파水簸(물속에서 침강 속도에 차이가 나는 것을 이용해 점토의 입자 크기를 일정하게 맞추는 기술)에 의해 점토를 정제하는 기술, 녹로轆轤(흙을 빚거나 무늬를 넣는 데 사용하는 기구—편집자)로 형태를 만드는 기술 등 고도의 기술이 발달했다.

유명한 것이 바로 진시황릉의 병마용으로, 이곳에는 신장 약 180cm의 병사를 본떠 흙으로 빚은 인형이 약 8,000구나 매장되어 있다. 병사들은 모두 안료로 채색했으며 능 안에는 수은으로 된 강과 호수까지 만들어서, 그야말로 토기로 된 지하도시라 할 만하다. 정교하고 치밀한 세공과 규모를 보면, 지금으로부터 약 2,200년 전에 도달한 기술 수준에 감탄을 금하기 어렵다.

하지만 이렇게 대규모로 질그릇을 만드는 것은 병폐를 동반할 수밖에 없다. 수풀이 울창했던 메소포타미아 지역이 사막으로 변해버린 원인 중 하나는 건축 재료나 벽돌을 제조할 때 레바논 삼나무(백향목)를 대량으로 벌채해 연료로 사용했기 때문이다.

◦ 진시황릉의 병마용갱. 세계 8대 경이 중 하나로 꼽힌다.

중국에서도 만리장성을 건설하는 데 다량의 벽돌이 필요해지자 삼림을 벌채했다. 특히 명나라(1368~1644)의 영락제는 유목민족이 사는 근거지와 가까운 베이징으로 수도를 옮긴 탓에 만리장성을 강화해야만 했다. 이때 많은 삼림이 소실되었다. 고대에는 50%가 넘었을 것으로 추정되는 황토고원의 삼림 비율이 지금은 5%로 뚝 떨어졌고, 고원 일대는 건조지대로 변했다. 사막화는 봄에 날아오는 황사의 원인으로 이웃 나라에도 적지 않은 영향을 주고 있다.

빛나는 그릇의 탄생

저온에서 구운 질그릇은 흙덩어리와 비교했을 때 강도가 훨씬 세다고는 하나, 원자의 결합으로 형성된 네트워크가 치밀하지 못한 탓에 암석 덩어리의 단단함에는 미치지 못한다. 질그릇에 충격을 가하면 모처럼 만들어진 결합이 끊어져 '쨍그랑' 소리를 내며 깨져버린다. 이 같은 질그릇의 무른 성질은 재료로서 큰 약점이다.

또 질그릇에는 전체적으로 미세한 구멍이 나 있어서 이곳으로 물이나 공기가 통과한다. 오늘날 화분으로 질그릇을 사용하는 이유도 여기에 있다. 화분의 옆면으로 물과 공기가 통과하므로 식물의 뿌리가 썩거나 과도하게 습기가 차는 것을 방지할 수 있다. 질그릇의 이러한 점은 화분으로 쓰기에는 강점이지만 찻잔이나 물병으로 쓰기에는 적합하지 않다.

유약은 이러한 질그릇의 결점을 보완해주었다. 점토 표면에 어떤 종류의 돌가루나 재 등을 바른 후 구우면 표면이 녹아서 유리질이 되고 점토의 자잘한 구멍을 막아 강도와 방수성이 좋아진다. 게다가 표면에 윤기가 생기고 빛이 어느 정도 통과하므로 더욱더 아름다워진다.

연료인 나무를 태웠을 때 생기는 재는 포타슘 등의 알칼리 성분을 포함한다. 이 성분이 규소나 산소의 결합 사이에 들어가 결합을 일단 끊어 표면을 녹이는데, 이것이 식으면 유리질이 된다. 이러한 나뭇재로 된 '천연 유약'으로 우연히 유약의 역할을 알게 되었을 것이다. 중국에서는 이미 은 왕조(기원전 17세기~기원전 11세기) 시대부터 유약을 사용했다. 전한시대(기원전 220~기원후 8) 후기에는 산화납이 든 광물을 유약으로 사용해 아름다운 초록빛이 도는 연유 도기를 만들어냈다.

그릇은 이러한 각종 유약과 흙 종류, 토기를 굽는 온도 등을 어떻게 조합하느냐에 따라 색이나 풍기는 인상이 세밀하게 달라지고 공예 예술품으로서 가치를 갖게 된다. 심오하고 묘한 데가 있어서 심지어 숙련된 도예가조차 늘 시행착오를 반복한다. 오늘날 과학이 그 신비에 점차 가까이 다가가고 있지만 최첨단 과학과 기술을 구사해도 원하는 도자기를 자유자재로 만들어내기까지는 아직 갈 길이 멀다.

얼마나 하얗게 만들 수 있을까?

어느 도예가에게 들은 이야기에 따르면, 도자기의 역사는 얼마나 하얀 그릇을 만들어내느냐의 역사라고 한다. 하얀 그릇에 음식을 담으면 음식의 색채 조화가 훨씬 돋보이고 색 또한 선명하게 보인다. 예부터 아름다운 외모를 추구한 사람들이 희고 부드러운 살결을 목표로 해왔듯이 도예가들도 순백의 반들반들한 완성품을 목표로 해왔다.

현대에 사는 우리는 새하얀 식기에 익숙한데, 이는 대부분 도기가 아닌 자기다. 도기는 점토를 주원료로 하며, 비교적 저온인 800~1,250℃ 정도에서 굽는다. 완성된 도기는 빛이 통과하지 않고 옅은 갈색 등을 띤다. 게다가 두껍고 금이 잘 가지 않으며 두드렸을 때 둔탁한 소리가 난다. 두꺼운 찻잔이나 뚝배기를 떠올리면 좋다.

반면, 자기는 하얗고 매끄러우며 단단하다. 또 두드렸을 때 금속처럼 청아한 소리가 나고, 빛은 통과하지만 물은 통과하지 않는다. 표면에 요철이 적어 씻기 쉽고 겉으로 보기에도 청결한 느낌을 주므로 식기로 적합하다.

대체 자기는 도기와 어떤 점이 다르기에 이러한 특징을 나타내는 것일까? 바로 원료와 굽는 온도다. 자기는 석영이나 장석, 고령석 등의 암석을 간 다음 물로 반죽해 형태를 만들어 여러 번 굽는다. 마지막으로 1,300℃쯤 되는 고온에서 구우면 표면에 발랐던 유약이 용해하고 침투해 매끄럽고 반들반들해진다.

자기가 순백인 이유는 색의 바탕이 되는 중금속 이온을 거의 포함하지 않기 때문이다. 천연 광물이라도 각각 색이 다른 근본 원인은 각종 금속 이온의 함유량 차이다. 예를 들어 똑같은 강옥이어도 크로뮴을 미량 포함한 광물은 붉은빛이 돌아 루비가 되고, 철이나 타이타늄을 포함하면 푸른빛이 돌아 사파이어가 된다. 도자기 역시 대개 유약이나 흙에 포함된 금속 이온이 색을 결정한다.

중국 후한시대 초기(1세기 후반)에는 청자가 등장했다. 청자는 원료에 철분이 미량 들어 있어 아름다운 청록색을 띤다. 순백의 자기를 본격적으로 만들게 된 때는 철분을 거의 포함하지 않은 고령석이 발견된 6세기 후반 수나라 때부터로 추정된다. 백자가 얼마나 위대한 발명이었는지는 이후의 역사 속에 잘 드러나 있다.

바다를 건넌 백자

자기는 그 후 당(618~907), 5대 10국(907~960), 송 왕조(960~1234) 시대를 거치며 크게 발전한다. 특히 문화 예술 발전에 힘을 쏟았던 북송에서는 관요(관에서 운영하는 그릇 가마―편집자)를 지정해 궁정에서 사용할 집기를 만들게 했다. 이곳이 그 유명한 '징더전'景德鎭으로, 이후 징더전은 세계 도자기 문화의 중심지로서 큰 번영을 누렸다. 예술을 아끼고 사랑했던 청나라의 건륭제는 '조송의 관요는 새벽녘의 별을 보는 것 같다'라는 시를 읊어 이 시대의 자기를 크게 칭송했다.

한편, 민간에서 사용하는 자기를 만드는 곳으로는 '츠저우야오'磁州窯의 규모가 가장 컸다. 츠저우야오란 도자기 이름은 지명에서 유래했다. 이것은 민간에서 사용하는 자기였으므로, 징더전보다 장식성이 강하고 회화적 디자인을 적극적으로 채용한 점이 특징이었다.

○ 송나라 시대의 자기. 조송 시대를 거치며 자기 문화는 크게 발전했다.

세계 제국인 원나라(1271~1368)로 접어들자 동서 간의 활발한 교류가 또다시 도자기에 새로운 기운을 불어넣었다. 이슬람권에서 수입해온 코발트 안료로 그림을 그린 것이다. 짙은 청색을 안정하게 표현할 수 있는 코발트 안료와 순백 자기의 조합 덕분에 수많은 명품이 탄생했다. 우리에게도 익숙한 새하얀 바탕에 청색으로 문양을 넣은 식기는 이렇게 태어났다. 이 식기는 터키와 이집트 등 이슬람권에 대량으로 수출되어 큰 인기를 끌었다.

중국 역대 왕조가 만들어낸 자기의 매력은 전 세계를 매료시켰다. 바다를 사이에 둔 이웃 나라 일본도 예외는 아니었다. 일본에서도 도자기를 활발하게 제조했지만 이 그릇들은 모두 도기였다. 순백의 자기를 굽는 기술은 일본에 없었다. 그러나 아즈치모모야마 시대(1568~1603, 오다 노부나가와 도요토미 히데요시가 정권을 장악한 시대—옮긴이)에 접어들어 찻잔이 유행하면서 도자기 수요가 크게 늘었다.

하지만 안타깝게도 일본에서 자기 제조 기술을 받아들인 방법은 그리 평화롭지 않았다. 도요토미는 조선에 출정(임진왜란, 정유재란)해 무참히 실패했다. 이때 일본 영주들이 조선인 도공을 여럿 끌고 옴으로써 전 세계 도자기 역사 속에서 절정을 향해 달려가고 있던 조선의 기술이 바다를 건너오게 되었다.

도공들은 일본의 각 지역에서 도자기를 만드는 데 적합한 흙을 찾았다. 그러던 중 히젠 지역의 아리타에서 자기에 적합한 흙이 발견되면서 현재의 사가현 남부는 일본 도자기 생산의 중심지로 떠올랐다. 그중에서도 이곳을 대표하는 도예 가문인 사카이다카키에몬酒井田柿右衛門은 주로 붉은빛을 띠는 유약을 사용한 '아카에'라 불리는 채색 스타일을 확립해 오늘날 15대째에 이르기까지 그 기술을 이어오고 있다.

유럽 최초의 도자기 공장, 마이센

중국 자기에 매료된 사람은 일본인만이 아니다. 유럽에서도 르네상스 이후에 자기 열풍이 일어 엄청난 양의 그릇을 수입했다. 오늘날에도 영단어 'china'가 도자기를 뜻할 정도다.

1644년에 명나라가 멸망해 자기 생산이 중단되자 이마리 도자기(사가현 이마리시에서 만들어내는 자기로 아리타 도자기, 가라쓰 도자기의 총칭―옮긴이)를 비롯한 일본제 자기가 대량으로 팔려나갔다. 왕후들은 부와 고상한 취미를 과시하기 위해 앞다투어 동양의 그릇을 모았고, 벽면 한쪽을 자기로 진열해 '도자기 컬렉션'을 만드는 사람까지 나타났다. 자기는 '하얀 황금'이라 불릴 만큼 귀중한 물품이었다.

독일 작센의 선제후였던 프리드리히 아우구스트 1세는 그중에서도 동양의 자기에 조예가 깊은 사람이었다. 그는 맨손으로 편자(말굽에 대어 붙이는 'U' 자 모양의 쇳조각―옮긴이)를 구부러뜨릴 만큼 힘이 강했고 여러 정부情婦 사이에서 360명이나 되는 자녀를 두었을 만큼 엄청난 정력가였으며, 한편으로는 예술을 사랑해 선제후에 오르자마자 10만 타

○ 독일 작센주 마이센에서 제작되는 도자기. 마이센은 유럽에서 최초로 자기를 만든 요업장이다.

렐(현재 가치로 약 100억 원)을 들여 자기를 사들였다고 전해진다.

1701년, 이러한 아우구스트 앞에 요한 프리드리히 뵈트거Johann Friedrich Böttger란 남자가 나타난다. 그는 겨우 열아홉 살이었지만 스스로 연금술사라고 주장했는데, 이 말이 금 애호가인 프로이센 왕에게 들어가는 바람에 쫓기고 있었다. 아우구스트는 도망자 신세였던 뵈트거를 가두고 금을 만들게 했다. 그러나 1장에서 설명했듯이 당시의 과학 기술로는 원소를 전환할 수 없었으므로 당연히 성과가 나오지 않았다.

1705년, 인내심이 한계에 다다른 아우구스트는 목표를 바꿔 뵈트거를 드레스덴 근교의 마이센으로 보내 자기를 만들게 했다. 갖가지 실험을 반복하는 과정에서 뵈트거는 1708년에 처음으로 하얀 도자기를 만드는 데 성공했고, 1709년에는 드디어 유약을 입혀 매끄럽고 윤기가 흐르는 자기를 만들어냈다. 동양의 보물이었던 자기가 처음으로 유럽에서 탄생한 순간이었다. 이때까지 들인 연구비는 6,000만 타렐(현재 가치로 약 6조 원)에 달했다고 한다.

아우구스트는 작센 지방에 공장을 세우고 자기를 대량생산하기 시작했다. 이것이 현재에도 여전히 서양 자기에서 정점을 차지하는 마이센 자기의 시작이다. 동양의 기술과 서양의 감각이 융합된 수많은 명품은 오늘날에도 여전히 동경의 대상이다.

하지만 이처럼 위대한 공적을 세웠는데도 뵈트거는 그 후 비참한 운명을 맞이했다. 자기 제조 비법을 유지하기 위해 아우구스트는 자기를 완성한 후에도 뵈트거를 풀어주지 않고 그에게 새로운 실험을 하도록 강요했다. 뵈트거가 머지않아 정신병에 걸린 까닭도 아마 이 같은 처지 때문이 아니었을까. 실험에 사용한 납과 수은도 그의 몸을 병들게 했을 것으로 추측된다. 결국 뵈트거는 술에 빠져 1719년에 겨우 37세의 나이로 세상을 떠났다.

도자기에서 파인 세라믹으로

이리하여 도자기는 공예품·예술품으로서 절정을 맞이했다. 한편으로는 생활과 밀접한 식기 등으로도 사용되면서 오늘날에도 여전히 우리 생활에 없어서는 안 될 존재가 되었다. 한때 목숨을 걸고 만들었던 백자 접시가 지금은 마트에 대량으로 진열되어 있으니, 뵈트거가 이 광경을 본다면 두 눈이 휘둥그레질 것이다.

처음에는 토기를 쉽게 구할 수 있는 점토로 만들었지만 머지않아 알갱이 크기가 고른 흙을 엄선하면서 더욱더 훌륭한 토기를 만들게 되었고, 더 나아가 고령석 등의 광물을 이용한 자기가 탄생했다. 도자기의 역사는 원료의 정제도를 높이고 굽는 온도를 조절해 더욱더 아름답고 강한 재료를 만들어낸 시간이었다.

오늘날에는 화학 합성 기술로 순도 100%에 가까운 재료를 사용할 수 있고, 알갱이 크기나 굽는 온도 또한 세밀하게 조절할 수 있다. 이를 조합해 훨씬 훌륭한 도자기를 만들어내는 일도 가능하다. 이른바 '파인 세라믹'이라 불리는 제품이다.

이렇게 만든 새로운 재료를 분위기와 같은 예술성의 영역을 제외하고 오로지 기능성만으로 평가했을 때, 그 성능은 지금껏 우리가 도자기에 품었던 이미지를 훨씬 능가한다. 구멍 난 치아를 메꾸거나 예리한 칼을 만드는 데 사용할 만큼 강도가 높은 제품도 있고, 내열성이 높아서 우주 로켓이나 대형 가속기에 없어서는 안 될 제품도 있다.

파인 세라믹이 단단한 이유는 무엇일까? 그 비밀은 원자 수준에서부터 균일성이 높은 구조라는 점에 있다. 블록을 쌓아 올릴 때 한 군데라도 구멍이나 요철이 있으면 부하가 걸렸을 때 그곳부터 허물어져 결국 전체가 무너진다. 이와 마찬가지로 불순물이 다량 함유된 천연 점토로 도자기를 만들면 구조적 결함이 많은 그릇이 되고 만다. 파인 세라믹은 고순도 원료를 사용하고 굽기 조건 등을 세밀하게 조절하여 만듦으로써 결함을 크게 줄였다.

파인 세라믹은 천연 점토를 원료로 사용할 때와 달리 구성 원소를 자유롭게 바꿀 수 있다. 축전기나 건전지 전극과 같은 전기 재료를 만들어낼 수도 있다. 자석 편에 등장할 페라이트를 비롯한 고성능 자석이나 현재 활발히 연구 중인 고온 초전도 재료 등도 세라믹의 일종이다.

이처럼 고도로 발달한 첨단 재료는 이미 우리 생활에 침투해 있어서 세라믹 없는 생활은 이제 상상하기조차 힘들다. 흥미롭게도 첨단 재료 역시 가루를 반죽해 굽는다는 기본 방식은 토기 시대와 전혀 달라지지 않았다.

원료가 되는 원소가 무려 100종류가 넘는 데다가 조합이나 비율, 굽는 온도 등을 고려하면 도자기의 가능성은 무한대나 마찬가지다. 만 년 이상을 인류와 함께 걸어온 도자기지만 이 재료가 가진 능력은 아직도 무궁무진하다.

제3장

동물이 만든 최고의 걸작
콜라겐

콜라겐이 활약할 분야는
앞으로 더욱더 늘어날 전망이다.
식물이 만들어낸 최고의 재료가 셀룰로스라면
동물이 만들어낸 최고의 재료는
단연 콜라겐이다.

인간은 왜 여행을 할까?

내 취미는 드라이브다. 한창때는 차를 운전해 일본의 북쪽에서 남쪽까지 달리기도 했다. 반복되는 업무와 인간관계에서 벗어나 그저 차를 타고 달리면 평상시의 근심도 떨떠름한 기분도 날아가 버린다. 이대로 모두 다 집어던지고 어디까지나 훌훌 날아가 버리고 싶다고 생각한 적도 한두 번이 아니다.

여기가 아닌 어딘가로, 시간을 잊고 떠나기를 갈망하는 사람은 분명 나뿐만이 아닐 것이다. 인간이란 생물이 지닌 본능 어딘가에는 이리저리 떠돌고 싶은 소망이 새겨져 있는 듯하다. 그렇지 않다면 이처럼 인류가 전 세계 구석구석까지 퍼지지 못했을 것이다. 작열하는 사막에서 남

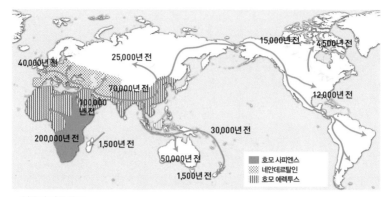

○ 인류의 이동 루트

극에 이르기까지, 이토록 서식 범위를 넓힌 동물은 인간이 유일하다.

어째서 인간은 여행을 떠나는 것일까? 언뜻 생각하면 어딘가 안전한 곳에 가만히 머무는 편이 인간에게 좋을 텐데 이러한 성질이 유전된 까닭은 무엇일까? 여기저기 돌아다니기를 좋아하는 사람은 새로운 것과 만날 확률이 높아지기 때문이 아닐까? 여태까지 없었던 뛰어난 무언가를 발견해 활용하는 행위는 문명이 발달하는 데 필수적이었다.

뛰어난 물건이나 아이디어를 가진 사람끼리 만날 경우, 그것들을 서로 교환하거나 개량해 훨씬 뛰어난 것을 만들어낼 수 있다. 인간이 평생 한 곳에 머물러 있다면 제아무리 훌륭한 아이디어라도 진보하지 않는다. 인간이 여행을 떠나는 행위는 문명 발전에 필요한 요소였으리라.

'붉은 여왕 이론'The Red Queen Theory으로 유명한 세계적 과학저술가 매트 리들리Matt Ridley는 저서 《이성적 낙관주의자》에서 태즈메이니아섬의 사례를 소개한다. 태즈메이니아섬은 한때 오스트레일리아 대륙과 연결되어 있었지만 해수면이 상승하면서 1만 년쯤 전에 본토에서 분리되었다. 그러자 외부에서 새로운 기술이 들어오지 못했고, 기술을 계승한 사람이 세상을 떠날 때마다 기존 기술도 사라져갔다. 결국 태즈메이니아섬에서는 부메랑이나 뼈로 만든 낚싯바늘, 물고기 잡는 덫, 옷 만드는 기술이 겨우 수천 년 만에 사라져버렸다. 이 사례는 바깥세상과 교류가 단절돼 자급자족 상태에 몰리면 진보가 멈추는 데서 그치지 않고 퇴보할 수도 있음을 보여준다. 즉, 근력이 아니라 두뇌를 무기 삼아 살아가는 인류에게는 아무리 여행이 가혹하다 해도 이를 감수하고 이동과 교류, 교역하는 것이 결정적으로 중요했다.

물론 인류는 기꺼이 여행을 떠나기도 했지만 필요에 쫓겨 오랜 기간 떠돌아다녀야 했던 적도 많았다. 그 증거로 흔히 아메리카 선주민의 혈액형이 대부분 O형이란 사실을 꼽는다. 아메리카 선주민은 당시 육지였던 베링해협을 건너 아시아 대륙에서 아메리카 대륙에 정착한 사람들의 자손이다. 이때 힘겹게 여행하면서 우연히 A형이나 B형 유전자를 가진 사람이 감소해 현재에 이르렀다고 추측된다.

어째서 아메리카 선주민은 가혹한 여행을 떠나야만 했을까? 그들이 아메리카 대륙으로 건너온 약 1만 5,000년 전(여기에는 다양한 설이 있음)은 지구가 현시점에서 경험한 최후의 빙하기였다. 선주민들은 식량이 있고 온난한 새 땅을 찾아 길고 정처 없는 여행을 떠나는 일 외에는 달리 도리가 없었다.

인류는 이밖에 한랭화로 여러 차례 식량 위기를 겪었고, 이를 뒷받침하는 증거도 있다. 인류는 개체 수에 비해 놀라울 만큼 균일한 유전적 특성을 공유한다는 사실이 밝혀졌다. 수백만 년의 역사를 거쳐왔고 70억이 넘는 개체가 있는 이상, 본래라면 유전자에 더욱 다양한 변화가 일어나도 전혀 이상하지 않다.

그 원인으로 주목받는 가설이 바로 토바 카타스트로프 이론_{Toba} Catastrophe Theory이다. 이 이론에 따르면 지금으로부터 7만 5,000년쯤 전에 인도네시아의 토바 화산이 대폭발을 일으켰다. 1980년에 일어난 세인트헬렌스산 폭발 때보다 용암의 양이 약 3,000배나 많아 실로 어마어마한 규모였다. 이때 하늘로 치솟은 화산재가 태양 빛을 차단해 이후 수천 년간 지구 전체에 혹독한 한랭기가 이어지는 바람에, 인류는 얼마 안 되는 식량과 태양 빛을 찾아 여기저기 떠도는 신세가 되었다.

이때 겨우 살아남은 고작 수천 쌍의 부부가 모든 현대 인류의 선조라고 한다면 앞서 언급한 유전자의 균일성을 설명할 수 있다. 인류는 실로 멸종 위기의 극한 상황에 처해 있었는지도 모른다.

인류를 죽음에서 구한 털가죽

이처럼 인류는 빙하기를 여러 번 경험했고, 빙하기가 아닐 때도 한랭한 지역을 여행해야 했던 적이 많았다. 이러한 인류에게 오랜 기간 유일한 방한복이 되어준 것은 동물의 털가죽이었다.

털가죽을 입기 시작한 때는 구석기시대로 추측된다. 동굴이나 무덤에 남겨진 당시의 벽화도 이 같은 사실을 뒷받침한다. 수렵 생활을 했던 우리 선조에게 털가죽은 무엇보다 쉽게 구할 수 있는 훌륭한 방한복이었다. 힘이 센 동물의 가죽을 걸침으로써, 그 힘을 얻으려는 영적인 의미도 강했을 것이다. 다양한 색과 무늬를 가진 동물의 털가죽으로 몸을 장식하는 행위는 복식 문화에서 반드시 기념해야 할 첫걸음이기도 했다.

털가죽을 얻으려면 동물의 단단한 피부를 갈라 불필요한 살과 지방을 제거해야 한다. 이렇게 손에 넣은 생가죽은 그대로 이용할 수 없고, '무두질'을 해야만 비로소 사용하기 편한 가죽이 된다.

무두질이란 가죽을 부드럽게 정리하는 공정이다. 부패하기 쉬운 동물의 지방과 불필요한 단백질을 제거하고 콜라겐 사슬의 결합(뒤에서 설명)을 변하게 함으로써 가죽 전체를 부드럽게 하고 내구성을 높인다. 오래전에는 생가죽을 치아로 찢은 후에 침으로 무두질을 했지만 머지않아 감즙 등의 식물성 타닌을 이용하게 되었다. 오늘날에는 크로뮴염료 같은 화학 약품을 사용해 노동력 절감을 꾀하고 있다.

이 공정들은 높은 숙련도가 있어야 가능하다. 뿐만 아니라 실이나 바늘 등의 도구를 만드는 데도 높은 기술력이 필요하다. 털가죽을 만드는 공정은 인류가 최초로 '전문 기술'을 익힌 과정이기도 했다. 이렇게 만든 털가죽 옷은 사람들을 추위로부터 보호함으로써 수많은 목숨을 살렸다.

실제로 의복은 앞에서 설명한 토바 화산 참사에서 유래했다는 설이 있다. 인간에 기생하는 이에는 두피에 기생하는 이와 옷에 기생하는 이

두 종이 있는데, DNA 해독으로 이 둘이 약 7만 년 전에 분화했다는 사실이 밝혀졌다. 즉, 토바 화산이 폭발해 지구가 얼어붙었고 추위를 견디기 위해서 인류가 옷을 발명했다고 생각하면 앞뒤가 맞는다. 수많은 종이 멸종의 갈림길에 선 상황에서 털가죽은 인류에게 더할 나위 없는 든든한 아군이었다.

삼중 나선 구조로 이루어진 단백질

가죽은 유연성과 보온성이 뛰어날 뿐 아니라 가볍고 질기다. 다양한 대체 재료가 발명된 오늘날에도 여전히 가죽 제품이 인기를 끄는 건 어찌 보면 당연한데, 대체로 그 비결은 가죽의 주성분인 콜라겐이 가진 성질 덕분이다.

콜라겐이라고 하면 일반적으로 화장품 등 미용과 관련된 제품을 떠올린다. 그러나 실제로는 우리 몸에도 다량 있는 단백질의 한 종류다. 콜라겐은 세포와 세포의 간격을 메꿔 서로 붙게 하는 접착제 역할을 한다.

뼈에서 중요한 역할을 하는 성분 역시 콜라겐이다. 뼈는 콜라겐 섬유 사이를 인산칼슘 결정이 메꾸고 있어 흡사 철근 콘크리트 같은 구조로 상당히 단단하다. 즉, 우리 몸을 지탱하고 몸의 형태를 유지하는 물질은 콜라겐이라 해도 과장이 아니다. 실제로 우리 몸을 구성하는 단백질의 3분의 1이 콜라겐이다.

콜라겐은 성질이 매우 특이한 단백질이다. 단백질은 20종류의 아미노산이 일정한 배열로 길게 연결되어 있다. 단순히 스파게티 면발처럼 기다란 모양이 아니라 일정한 형태로 접힌 공 모양이다. 단백질은 필요한 화합물을 만들어내거나 정보를 전달하는 등 저마다 기능이 달라서 이렇게 일정한 형태로 접혀 있지 않으면 제 기능을 발휘할 수 없다.

반면, 콜라겐은 기다란 사슬 세 가닥이 하나로 꼬인 삼중 나선 구조의 긴 섬유로 단백질이 대부분 세포 내에서 작용하는 데 반해 콜라겐은 세포 밖에서 작용한다.

더군다나 콜라겐에는 다른 단백질에서 찾기 힘든 기묘한 아미노산이 있다. 프롤린이나 라이신이란 아미노산에 여분의 하이드록시기_{hydroxy group}(산소와 수소로 구성된 원자 그룹)가 한 개 붙은 아미노산이다. 수만 종류에 달하는 다른 단백질은 대개 20종류의 아미노산 조합만으로 놀라울 만큼 다채로운 기능을 발휘하는데 콜라겐은 멋지게 이 규칙을 깨고 있다.

여분의 하이드록시기가 중요한 역할을 하기 때문에 규칙을 일부러 깨는 만큼의 가치는 있다. 앞서 콜라겐을 사슬 세 가닥이 하나로 꼬인 삼중 나선 구조라고 설명했다. 프롤린에 붙은 여분의 하이드록시기는 옆 사슬의 수소와 '수소결합'이란 힘으로 연결되어 더 단단히 묶인 사슬 세 가닥을 풀리지 않게 해준다. 즉, 자물쇠 같은 역할인 셈이다.

이 자물쇠가 헐거우면 비참한 운명을 맞이하게 된다. 비타민C 섭취량이 부족할 경우 하이드록시기와 수소가 원활하게 결합하지 않으므로,

○ 콜라겐의 삼중 나선 구조. 이 구조 덕분에 콜라겐은 매우 촘촘해진다.

수소결합이란 자물쇠를 채울 수 없다. 그러면 튼튼한 콜라겐이 만들어지지 못해 온몸의 혈관이 약해지는 증상이 나타난다. 이것이 바로 괴혈병이다. 괴혈병은 현재는 거의 보기 힘들지만 대항해시대(15~16세기, 유럽인들이 활발히 신항로를 개척하거나 신대륙을 발견하던 시대―편집자)에 선원들을 공포에 몰아넣었던 질병이다. 콜라겐은 우리 몸을 지탱하는 중요한 물질이기에 사소한 결함이 생명 활동 전체에 심각한 타격을 주는 것이다.

콜라겐의 구조적 특징은 이뿐만이 아니다. 삼중 나선 형태로 꼬인 각각의 콜라겐 섬유들을 마치 다리를 놓듯이 연결하는 특수한 결합이 발견되었는데, 이 또한 다른 단백질에서는 거의 찾아보기 힘든 특수한 구조다. 사슬끼리 여기저기서 이어져 마치 그물처럼 망이 매우 촘촘해진다.

다리 수가 늘어나면 콜라겐은 전체적으로는 튼튼해지지만 유연성을 잃게 된다. 사실 인간의 피부를 구성하는 콜라겐의 경우, 나이를 먹을수록 이 다리가 늘어난다고 한다. 나이가 들면서 피부에 유연성이 사라지고 주름이 생기는 까닭이 여기에 있다. 다리 결합은 젊음과 미용에 큰 적이지만 콜라겐 조직을 강하고 질기게 한다. 털가죽이 견고하고 따뜻한 이유도 결합 덕분이라는 사실을 생각하면 소홀히 취급해서는 안 될 무척 고마운 존재이기도 하다.

콜라겐으로 무기를 만들었다?

콜라겐은 피부만 만드는 물질이 아니다. 앞에서 설명했듯이 뼈에도 주요 성분으로 포함되어 있으며 힘줄은 거의 순수한 콜라겐 덩어리라고 말해도 좋을 정도다. 석기시대에는 동물의 뼈와 힘줄 또한 인류에게 중요한 재료였다.

영화 〈2001 스페이스 오디세이〉에 원숭이가 무기로 사용한 뼈를 하늘 높이 던지자 군사 위성으로 바뀌는 유명한 장면이 나온다. 스탠리 큐브릭 감독은 인류 최초의 무기인 뼈와 최첨단 무기인 군사 위성을 대비시킴으로써 이 한 장면에 인류의 역사를 응축해냈다. 구하기 쉽고 단단하며 무게가 적당한 뼈는 돌멩이와 더불어 인류가 맨 처음 사용한 강력한 무기였을 것이다.

물론 뼈는 다른 용도로도 널리 쓰였다. 일본 나가노현 노지리 호수에서 동물 뼈로 만든 칼과 긁개, 찌르개 등 구석기시대의 유물로 보이는 것이 출토되었다. 청동과 같은 금속이 보급될 때까지 뼈는 단단한 성질을 지닌 귀중한 재료였다.

뼈는 기록 매체이기도 했다. 19세기 말, 청나라의 학자 왕의영王懿榮은

○ 동물 뼈에 글자를 기록한 갑골 문자

지병을 치료하기 위해 산 '용골'이라는 약재에 어떤 문자 같은 것이 새겨져 있다는 사실을 알아차렸다. 바로 한자의 원형이 된 갑골문자였다.

은 왕조 시대에는 소나 사슴의 견갑골(어깨뼈)에 열을 가한 금속 막대기를 대어 금이 간 형태로 길흉을 점치는 풍습이 있었다. 점괘 결과를 그 뼈에 새긴 것이 이른바 갑골문자다. 이 뼈가 3,000년 후에 파헤쳐져 정체불명의 한약재로 쓰였던 것이다. 이 방면에 조예가 깊은 왕의영의 눈에 띄지 않았다면 귀중한 자료가 가루로 만들어져 사람들의 위장 속으로 사라졌을 것이다. 뼈라는 단단하고 변형이 적은 매체에 점괘 결과가 새겨진 덕분에 현대를 살아가는 우리가 한자의 뿌리를 직접 확인할 수 있게 된 것은 엄청난 행운이다.

콜라겐이 무기로 응용된 예는 곤봉을 대신한 뼈만이 아니다. 콜라겐을 듬뿍 포함하는 탄성이 높은 뼈와 힘줄은 활의 재료로도 사용됐다.

가장 오래된 활과 화살은 약 9,000년 전 유럽에서 출토된 것이지만 실제로는 훨씬 오래전부터 사용됐을 것으로 추정된다. 먼 거리에서 정확하게 표적을 노릴 수 있는 활과 화살의 출현은 획기적인 사건이었다. 이로써 근력과 속도 모두 다른 동물에 한참 뒤처져 있던 인류는 힘센 동물을 안전하게 사냥할 수 있게 되었다. 활과 화살을 개발함으로써 인류는 단숨에 먹이사슬의 정점에 오르게 된 셈이다.

활과 화살은 널리 사용되었고, 점차 비거리를 늘리고 속사성速射性을 높이는 쪽으로 개량되었다. 주로 나무를 사용해 활을 만들었으나 이것만으로는 탄력과 강질에 한계가 있었다. 이런 까닭에 나무로 만든 활 뒷면에 동물의 뼈나 힘줄을 덧댄 '복합 활'이 개발되었다. 복합 활은 작고 가벼워서 말을 탄 채로도 다루기 쉬웠으므로 기병에게 안성맞춤이었다. 몽골제국이 세계를 정복할 때도 복합 활은 중요한 역할을 했다.

강력한 화살을 만들려면 탄성이 높은 뼈와 힘줄뿐 아니라 이것들을 목재에 단단히 덧붙일 접착제가 필요하다. 이때 이용한 물질이 바로 갖풀(짐승의 가죽, 힘줄, 뼈 따위를 진하게 고아서 굳힌 끈끈한 것—편집자)이었다.

앞에서 설명했듯이 콜라겐은 삼중 나선 구조다. 콜라겐을 물에 넣고 끓이면 사슬이 풀려 하나씩 분리되므로 수분을 듬뿍 흡수한 덩어리가 된다. 이것이 바로 젤리나 푸딩을 만드는 데 중요한 재료인 젤라틴이다.

갖풀의 주성분 또한 젤라틴이다. 콜라겐collagen이란 말의 어원은 '갖풀' (膠), 즉 '접착하는 물질'로, 회화 기법의 하나인 '콜라주'collage(근대 미술에서, 화면에 종이·인쇄물·사진 따위를 오려 붙이고, 일부 가필하여 작품을 만드는 작업―옮긴이)와 뿌리가 같다. 일본어로 콜라겐을 '교원질'膠原質이라고 쓰는 까닭은 여기에 있다.

뼈와 힘줄이 콜라겐이라면 갖풀 또한 본래 콜라겐이므로, 요컨대 복합 활은 콜라겐을 콜라겐으로 덧붙인 무기다. 뛰어난 재료의 힘은 다양한 형태로 인류의 힘을 증폭하는 역할을 해왔는데, 콜라겐 또한 훌륭한 예로 손꼽힐 것이다.

수명 연장의 꿈을 실현해줄 콜라겐

시대가 흘러 금속이나 도기 등이 보급되면서 뼈 그릇 등은 점차 자취를 감추었다. 하지만 털가죽은 시간이 지나도 여전히 사람들이 동경하는 대상이었다. 이집트의 파라오는 표범이나 사자의 모피를 몸에 둘러 자신의 신성神性을 드러냈고, 유럽의 왕과 귀족 또한 호사스러운 모피를 입고서 누가 더 사치스러운지를 겨뤘다. 나폴레옹의 대관식을 그린 유명한 그림에도 흰족제비의 모피로 만든 호화로운 망토가 그려져 있다. 이처럼 털가죽은 오랜 역사 속에서 변함없이 권력과 부의 상징이란 지위를 유지해왔다.

이런 까닭에 근대 이후, 전 세계에서는 조직적으로 동물을 사냥했다. 아름다운 털가죽을 가진 동물들에게는 재앙과도 같은 일이었다. 많은 생물이 모피 사냥의 대상이 되어 멸종 또는 멸종 직전의 위기에 몰렸다. 일본도 메이지시대(1868~1912)에 접어들면서 질 좋고 보온성도 뛰어난 털가죽을 가진 일본 수달을 외화를 획득하려는 목적으로 무자비하게 사냥하는 바람에, 수달의 개체 수가 급감했다. 1979년 이래 명확히 목격했다는 보고가 없어, 결국 2012년에 일본 수달은 '멸종 종'으로 지정되었다.

최근 들어 야생동물을 보호해야 한다는 의식이 높아져 모피 착용에 대한 반대 운동이 일어난 데다가 합성 피혁(천에 합성수지를 발라 만든다)의 발전으로 겉보기에는 물론 보온성까지 천연 모피에 뒤지지 않는 제품이 등장하면서, 드디어 모피 동물 감소 추세에 제동이 걸렸다. 다른 가죽 제품 또한 예전과 비교해 실제로 볼 기회가 줄었다.

콜라겐은 사진 필름을 만드는 데도 중요한 역할을 했다. 컬러 사진 필름은 플라스틱 필름 위에 각종 감광제를 콜라겐으로 분산시켜 층층이 여러 번 바른 것이다. 콜라겐은 장기간 보존할 수 있고 현상할 때 수분을 유지하므로, 사진 필름의 재료로 가장 적합했다.

하지만 21세기 들어 디지털카메라가 급속히 보급되면서 사진 필름은 순식간에 시장에서 자취를 감추었다. 지금은 휴대전화로 찍은 사진이 그 자리에서 SNS를 통해 전 세계로 퍼져나가는 시대다. 사진관에 필름을 맡기고 며칠 후에 찾으러 갔던 시대는 이제 먼 과거처럼 느껴진다.

그럼 콜라겐이 활약할 분야는 이대로 점차 사라져버리는 것일까? 그렇지 않다. 생체와 잘 맞는 콜라겐은 의료·바이오 분야에서 점차 폭넓게 활약하고 있다. 이미 화장품이나 의약품의 첨가물로 콜라겐을 널리 사용 중이다.

또 외과 수술을 할 때 콜라겐으로 만든 실로 상처를 꿰매면, 얼마 안 가 실이 천천히 분해되어 몸에 흡수되므로 실을 뽑지 않아도 된다. 성형수술을 할 때 콜라겐을 주입하는 이유도 여기에 있다. 콘택트렌즈나 치주병 치료에도 콜라겐 제품을 사용한다.

오늘날 콜라겐은 재생 의료의 필수 재료로도 크게 주목받고 있다. 질병이나 부상으로 손상된 장기나 신체 기능을 자신의 세포를 바탕으로 재구축한 다음 이식하는 치료법에서다. 이 치료법은 다른 사람의 장기를 이식할 때보다 거부 반응이 적고 윤리적 측면에서도 덜 부담스러우므로, 미래 의료로서 큰 관심을 끌고 있다.

하지만 영양분만 주어서는 세포가 저절로 자라지 않는다. 장기이식 등에 사용하려면 증식시킨 세포를 필요한 모양으로 성형해야 한다. 따라서 젤 형태의 콜라겐을 깐 다음 그 위에 세포를 배양하는 방법을 많이 사용한다.

콜라겐은 본래 세포와 세포를 붙이는 역할을 할 만큼 세포와 찰떡궁합이다. 또 구조가 특수해서 다른 단백질과 비교해 좀처럼 알레르기를 일으키지도 않는다. 이 같은 특징 덕분에 콜라겐은 재생 의료에서 빠뜨릴 수 없는 재료다. 이미 연골이나 점막 세포 등과 콜라겐을 조합해 만든 제품이 발매되고 있으며, 앞으로도 콜라겐이 활약할 분야는 더욱더 늘어날 전망이다.

인류의 행동반경을 넓히고 인류의 능력을 확장해준 콜라겐이란 재료는 이제 인류의 수명을 늘리려 하고 있다. 식물이 만들어낸 최고의 재료가 셀룰로스(5장)라면, 동물이 만들어낸 최고의 재료는 단연 콜라겐이리라.

제4장

문명을 이룩한 재료의 왕

철

철은 도시이자 산업이며 문명이다.
철이 없었다면 인류는
아직 원시적 방법으로 농사를 짓거나
허름한 오두막에 살지도 모른다.

금속의 왕이자 재료의 왕

이 책의 주제인 소재, 재료의 세계에서 가장 중요한 물질은 무엇일까? 물론 여러 가지 견해가 있겠지만 나는 철을 꼽고 싶다. 기원전 15세기경 소아시아에서 일어난 히타이트인이 처음으로 철을 사용한 이래, 철은 한결같이 인간 사회와 생활의 중심에 있었고 문명 발전에 공헌해왔다.

철강 연구의 일인자로 '철의 신'이라 불리는 혼다 고타로本多光太郎(물리학자, 도쿄이과대학 초대 학장)는 쇠 철(鐵) 자의 부수를 언급하며 '철은 금속의 왕金이다'라고 평가했다. 철은 그야말로 금속의 왕, 재료의 왕에 걸맞은 존재인 셈이다.

철을 무기로 사용할 경우에는 나무와 돌과는 비교가 되지 않을 정도로 상대편에게 타격을 줄 수 있고, 괭이나 낫 등의 농기구로 만들면 매우 효율적으로 논밭을 일굴 수 있다. 철로 된 도구만 있으면 암석이나 목재도 쉽게 자를 수 있으므로, 철이 없었다면 건축 또한 발전하지 못했을 것이다. 만일 철이 없었다면 인류는 아직 원시적 방법으로 농사를 짓거나 사냥을 하며 허름한 오두막에 살지도 모른다. 독일 통일에 혁혁한 공을 세운 재상 오토 폰 비스마르크Otto von Bismarck는 '철은 국가다'라고 말했다. 그 정도로 철은 도시이자 산업이며 문명이라 말해도 좋겠다.

그럼 철이 재료의 왕으로 불리기에 충분한 이유는 무엇일까? 단단하고 강하기 때문일까? 이는 정답이라고 하기 어렵다. 순수한 철 자체는 사실 은백색의 무른 금속이다. 다른 원소를 넣어 합금으로 만듦으로써 철의 성질을 개량할 수 있지만 그 강도는 텅스텐 합금 등의 발뒤꿈치도 따라가지 못한다.

또 철은 굉장히 녹슬기 쉬운 부류의 금속이다. 학창 시절 화학 시간에 '이온화경향'Ionization Tendency을 통째로 암기했던 분이 많을 것이다. 이온화경향은 쉽게 말해, 금속이 녹슬기 쉬운 순서다. 교과서에서는 대표적 원소 16개를 꼽는데, 철은 이 중에서 여덟 번째에 위치한다. 즉, 금·은·동이나 납과 비교했을 때 철은 녹이 쉽게 슬어 질이 떨어진다. 이 점은 재료로서 큰 결점이다.

게다가 가공성이 높지도 않다. 철의 녹는점은 1,535℃로 제철하려면 풀무 등으로 끊임없이 공기를 공급해 고온을 유지해야 하므로, 높은 수준의 기술이 요구된다. 전 세계 많은 지역에서 철기 문명보다 청동기 문

원소	클라크 수
산소	49.5
규소	25.8
알루미늄	7.56
철	4.7
칼슘	3.39
소듐	2.63
포타슘	2.4
마그네슘	1.93
수소	0.83
타이타늄	0.46

○ 주요 원소의 클라크 수

명이 먼저 발달한 까닭은 청동의 녹는점이 950℃ 정도로 낮아 청동을 제련하기 쉽기 때문으로 추측된다.

그럼 대체 철의 장점은 무엇일까? 철은 장점이 압도적으로 많다. 지구 표면에 존재하는 원소의 비율을 나타내는 '클라크 수'Clarke number에서 철은 4.7로 4위에 올라 있다. 금속 중에서는 알루미늄 다음가는 숫자다 (10장에서 설명하겠지만 알루미늄은 산소와 강력하게 결합해 있어 금속으로 추출하기 어려운 탓에 재료로 이용되기까지 오랜 시간이 걸렸다).

단, 클라크 수는 지각과 해수, 즉 인류가 볼 수 있는 범위만을 대상으로 한다. 실제로는 지구의 내핵과 외핵에 철이 대량으로 포함되어 있으므로, 지구 전체로 따지면 중량의 약 30%가 철이다. 철은 무거워서 지구가 갓 탄생해 아직 흐물흐물 녹은 상태였을 때 대부분 지구 속 깊이 가라앉아 버렸고, 지표면에는 얼마 안 되는 양만 남았다. 그런데도 전체 원소 중 4위이니, 지구에 철이 얼마나 풍부한지 알 수 있을 것이다. 인간은 철의 행성에 사는 셈이다.

유명한 과학 저술가 캐런 피츠제럴드Karen Fitzgerald는《철 이야기》The Story of Iron에서 민주주의가 성립하게 된 것은 철이 보편적으로 존재하는 원소이기 때문이란 설을 소개했다. 청동의 바탕이 되는 광석은 희귀해서 일부 지배 계급만이 손에 넣을 수 있었다. 하지만 철광석은 여기저기에 존재하는 덕분에 제철 방법만 알면 많은 사람이 철을 가질 수 있었다. 이러한 까닭에 강력한 무기는 왕의 독점물이 될 수 없었고, 결과적으로 철이 민중에게 힘을 주었다는 주장이다.

역사를 바꾼 재료에는 그 희소성 때문에 누구나 손에 넣고 싶어 한 물질과 값싸고 대량으로 생산되어 전파됨으로써 세상을 바꾼 물질이 있다. 1장에서 설명한 금이 전자의 예라면, 철은 후자의 대표 선수다.

결국 모든 것은 철이 된다

지구에 철이 다른 금속보다 많은 이유는 무엇일까? 해답은 핵물리학에 있다.

원소와 원소를 조합해 새로운 물질을 만들어낼 수는 있다. 동식물과 화학자도 밤낮으로 원소 간 결합을 재편성하며 화학반응을 일으켜 유용한 물질을 만들어낸다. 그러나 근본이 되는 원소를 플라스크 안에서 새로 만들거나 다른 원소로 바꾸기란 불가능하다. 1장에서 설명한 대로 연금술사들은 금을 만들어내기 위해 수천 년간 온갖 방법을 다 써보았지만 모래알 크기의 금조차 만들어내지 못했다.

우리 몸과 수많은 물질을 구성하는 탄소와 산소, 철 등의 원소는 어디에서 왔을까? 정답은 '별 속에서 왔다'이다. 태양과 같은 항성의 내부는 1,000만℃가 넘는 고온 상태이므로, 이 강렬한 열로 원자핵이 서로 융합해 새로운 원소가 생긴다. 우리 태양에서는 현재 가장 작은 원소인 수소끼리 융합해 두 번째로 작은 원소인 헬륨이 한창 생기는 중이다.

가장 오래되고 거대한 별에서는 무거운 원소끼리 융합해 더 무거운 원소를 만든다. 단, 무한대로 무거워지지는 않는다. 어느 정도를 넘으면 원자핵이 불안정해지므로 원소가 더는 합성되지 않는 선이 존재한다. 이 선이 바로 철이다. 양성자 26개, 중성자 30개가 모여서 이루어진 철의 원자핵은 모든 원자핵 중에서도 상당히 안정적인 편에 속하며, 이보다 작거나 크면 불안정해진다. 철이 대량으로 존재하는 까닭은 바로 여기에 있다.

철보다 무거운 원소는 어떻게 생겨났을까? 이에 대해 학계에서는 거대한 항성이 죽음을 맞이해 대폭발하는 '초신성 폭발' 때 만들어졌다는 설을 오랜 기간 믿어왔다. 하지만 최근 연구로 중성자별이라 불리는 무

○ 오래된 거대 항성의 단면도

거운 별이 충돌·합체할 때 만들어져 방출되었다는 설이 유력해졌다. 지구에 있는 금이나 은, 우리 몸속에 있는 아연이나 염산과 같은 무거운 원소는 모두 이렇게 생겨난 '별 조각'이다. 그러나 이 무거운 원소들도 언젠가는 분열해 철로 바뀌게 된다.

현재의 우주는 탄생한 지 약 138억 년쯤 되었다고 한다. 현 단계에서 우주 전체 원소의 93% 이상이 수소이고, 두 번째로 많은 헬륨을 합치면 두 원소의 비율은 99.87%에 달한다. 하지만 앞으로 수백 억, 수천 억 년이라는 유구한 세월이 흐를수록 서서히 철의 비율이 늘어날 것이다. 강물이 움푹 팬 땅으로 흘러 들어가듯이 모든 원소는 언젠가 철에 도달한다고 추측된다. 물론 그 까마득한 미래가 되기 전에 모든 생명체는 이 우주에서 모습을 감추겠지만 말이다. 아무도 존재하지 않는 철만 가득한 냉랭하고 쓸쓸한 공간이 바로 우주의 미래 모습이다.

끝내 밝혀내지 못한 비밀

철의 장점은 양이 풍부하다는 점 외에도 더 있다. 철의 중요한 성질은 다른 금속과 섞어 합금으로 만들면 더욱 뛰어난 재료가 된다는 점과 쉽게 자석이 된다는 점이다. 이 특별한 금속이 지구에 산더미만큼 존재하는 것은 어쩐지 행운인 듯하다. 철이 자석이 되기 쉬운 성질에 관해서는 9장에서 따로 설명하겠다.

철의 합금 중 가장 중요한 합금은 강철이다. 강철은 0.02~2% 정도의 탄소를 포함하는 철을 말한다. 탄소 덕분에 철은 놀라울 만큼 단단해지고, 두드려서 늘이면 아주 예리한 칼이 된다.

서두에 히타이트인이 기원전 15세기경에 처음으로 철을 사용했다고 설명했는데, 이는 정확한 표현이 아니다. 그 이전부터 세계 각지에서는 운철로 검 등을 만들었다. 또 철광석을 강한 열로 제련하면 스펀지 같은 철을 얻을 수 있다는 사실 역시 전 세계 각지에 이미 알려져 있었으므로 다양한 도구가 만들어졌다. 그러나 이 도구들은 물러서 칼이나 건축 자재로 적합하지 않았다.

히타이트인이 발견한 것은 스펀지 상태의 철을 칼의 형태로 만든 후 이를 목탄 속에 넣고 열을 가해, 강하면서 유연한 강철을 얻는 기술이었다. 강인한 강철은 단순히 철과 목탄을 가열한다고 해서 간단하게 만들어지지 않는다. 앞에서도 설명했듯이 철을 녹이려면 고온의 불꽃이 필요하며, 산소를 끊임없이 공급해 높은 화력을 유지해야만 한다. 게다가 철은 탄소 함유량이 너무 많으면 강도가 높아져 깨지기 쉬우므로 두드렸을 때 갈라져버린다. 즉, 히타이트인은 이 조건들을 조절하여 우수한 강철을 만들어내는 기술을 개발했던 것이다.

히타이트인은 강철로 만든 강력한 무기로 소아시아를 거의 제압했고, 현재의 시리아와 이집트 방면까지 공격할 만큼 막강한 세력을 떨쳤다. 제철 기술이 등장함으로써 인류는 문명사의 커다란 속도결정단계를 극복해냈다.

히타이트인은 강력한 힘의 원천인 강철 제조법을 비밀에 부쳤는데도 제국을 오래 유지하지 못하고, 기원전 1190년경에 끝내 멸망했다. 반란과 이민족의 침입도 멸망의 원인이나, 히타이트인이 제철에 필요한 목탄을 확보하려 삼림을 파괴해버린 점도 멸망에 한몫했다. 히타이트인은 강력한 무기를 손에 넣은 한편으로, 거대 산업이 피하기 힘든 환경 파괴란 문제를 경험했던 것이다.

어느 설에 따르면, 히타이트인은 삼림을 찾아 동쪽으로 나아갔고 머지않아 타타르인이라 불리게 되었다. 히타이트인의 제철 기술은 4~5세기경에 일본에까지 전해졌고, 이때 타타르에서 이름을 따온 '타타라 제철'(약 천 년에 걸쳐 이어져 내려온 일본의 전통 제철법—옮긴이)이란 말이 생겨났다고 한다. 이쯤 되면 어쩐지 꾸며낸 이야기 같지만, 2015년에 타타르스탄공화국(러시아 중동부에 있는 자치공화국으로 수도는 카잔—옮긴이) 과학기술청이 시마네현의 타타라 제철과의 관계를 조사하러 일본에 왔다는 이야기도 있어, 꼭 시시한 이야기라고 단정 짓기는 힘들 것 같다.

(본래 히타이트인이 최초로 강철을 만들었고 제국이 붕괴하면서 제철 기술이 전 세계로 퍼졌다는 유명한 이야기는 최근 들어 의문시되고 있다. 히타이트 이전 유적에서도 철기가 발굴되기 시작했고, 이민족이 침입한 흔적이 발견되지 않았기 때문이다. 처음으로 강철을 만들어낸 민족은 누구였는지, 조금 더 연구가 진행되기를 기다려야 할 듯하다.)

제철에 필요한 목재를 확보하는 일은 심각한 문제여서, 일본의 타타라 제철에서도 용광로 한 기 당 약 1,800ha(헥타르)의 광대한 삼림이 필요하다고 보았다. 배후에 주고쿠 산지의 풍부한 삼림이 펼쳐진 이즈모 지방(지금의 시마네현)에서 타타라 제철이 왕성하게 이루어진 것은 우연이 아니다.

일본에서 꽃피운 제련 기술

어찌 됐든 제철 기술은 일본에서 발전해 꽃을 피웠다. 이 기술의 정수는 일본검일 것이다. 검은 상대의 뼈와 갑옷까지 뚫는 단단함과 충격을 받아도 부러지지 않는 유연함이 필요하다. 하지만 강철은 탄소 함유량이 적으면 유연하나 물러지고, 탄소 함유량이 많으면 단단하나 깨지기 쉬운 금속이 되어버린다. 두껍게 만들면 튼튼해지기는 하지만 무거워지므로 휘두르기에 적합하지 않다.

검 만드는 사람들은 이 모순된 조건을 완성하는 데 성공했다. 검의 몸체 안쪽 심이 되는 부분에는 탄소가 적은 유연한 강철을, 칼날이 되는 부분에는 탄소가 많은 단단한 강철을 사용한 것이다. 게다가 칼날은 불 속에서 달군 다음 급속히 냉각시킬 경우 철의 결정 구조가 변화한다. 이리하여 철과 탄소로 이루어진 가장 단단한 조직인 마텐자이트martensite란 구조가 만들어지며, 이 구조 덕분에 칼날은 더욱 예리해진다. 또 철이 마텐자이트로 변하면 부피가 팽창하므로 칼날 쪽이 늘어난다. 일본검의 휘어진 칼날은 이렇게 만들어지며, 이로써 검의 심이 압축되어 잘 부러지지 않게 된다. 그리고 담금질한 검을 또다시 가열해 내부의 뒤틀림과 불안정한 구조를 안정하게 만드는 '뜨임' 작업을 하면, 웬만해서는 부러지지 않을 만큼 칼이 단단해진다.

　단순히 철이라고 해도 미량 함유된 성분이나 단조(금속을 두들기거나 눌러서 필요한 형체로 만드는 일―옮긴이) 방법에 따라 이토록 다채로운 성질을 끌어낼 수 있다. 철이란 재료의 성질을 정교하게 구분해서 뛰어난 제품을 만들어낸 인류의 지혜에 다시 한번 탄복할 뿐이다.

'녹슬지 않는 철'의 탄생

　영어에는 '포스교를 칠한다'Painting The Forth Bridge란 관용 표현이 있다. 포스교는 1890년에 영국 에든버러 포스만灣에서 개통한 총 길이 2,467m 다리로, 기술 역사상의 중요성을 인정받아 2015년에 유네스코 세계 유산으로 등재되었다. 하지만 이 다리는 바닷바람에 노출되어 있어 부식되기 쉬운 탓에 30여 명에 가까운 직원이 항상 다리를 점검·보수하며, 3년에 한 번은 다리 전체를 페인트칠해야 했다. 이리하여 '끝이 없는 작업'을 뜻하는 'Painting The Forth Bridge'란 말이 생겨났다(참고로 2011년, 25년간 유지된다는 코팅을 다리 전체에 입힘으로써 120년 넘게 이어져온 보수 작업은 잠시 중단되었다).

이 이야기가 보여주듯 철의 단점은 쉽게 녹이 슨다는 점이다. 포스교 또한 보수 작업에 부단한 노력을 기울이지 않았다면 진작 허물어졌을 것이다. 이러한 까닭에 보수하지 않아도 녹슬지 않는 철은 인류의 커다란 꿈이었다.

'녹슬지 않는 철'로 널리 알려진 철은 인도산 다마스쿠스 강철Damascus steel이다. 표면에 나뭇결 모양의 아름다운 무늬가 도드라져 있는 점이 큰 특징이며 이 강철로 만든 검은 철갑옷을 쉽게 벨 수 있을 정도로 예리하다고 한다. 인도에 세워진 최초의 모스크, 쿠와트 울 이슬람 사원 앞에 세워진 '델리 쇠기둥' 또한 다마스쿠스 강철로 만들었다고 하는데, 세워진 지 1,500년 이상 지난 지금도 여전히 녹슬지 않고 우뚝 서 있다.

다마스쿠스 강철 제조법은 엄격하게 유지되어 아버지에게서 아들로 전해졌다. 노예의 힘이 칼날로 옮겨가도록 괴력을 가진 노예의 몸에 태양처럼 빛날 만큼 뜨겁게 달구어진 철을 꽂아 식혔다는 설도 있다. 그러나 자세한 제조법은 사라져버려서 오늘날에는 전하지 않는다.

그밖에 철의 내식성을 높이고자 도금을 하는 방법 등도 연구되었다.

○ 인도 델리 쿠와트 울 이슬람 사원의 쇠기둥. 순도 99.99%로 1,500년간 녹슬지 않았다.

그 산물 중에서 강판을 주석으로 도금한 양철(블리크), 아연으로 도금한 함석, 유리질을 녹여 입힌 법랑 등이 유명하다. 하지만 이것들도 표면에 흠집이 나면 어쩔 수 없이 녹이 슨다.

'녹슬지 않는 철'이란 인류의 3,500년에 걸친 꿈을 실현한 것이 바로 스테인리스강이다. 스테인리스강의 발견은 완전히 우연이었다. 1912년, 영국의 해리 브리얼리Harry Brearley는 제철 회사에서 화기 폭발에 견디는 금속을 연구하고 있었다. 연구 중에 크로뮴을 20% 넣은 강철을 만들어 보았지만 이 합금은 가공성이 나쁜 실패작이었다. 브리얼리는 이 합금을 버려둔 채 잊고 있었는데, 몇 개월 후에 보니 금속 덩어리가 전혀 녹슬지 않았다. 여기에서부터 브리얼리는 연구를 거듭한 끝에 가공성이 좋지 않다는 단점을 극복한 스테인리스강을 만들어냈다. 스테인리스강이 얼마나 우리 주변에서 널리 사용되며, 우리 생활을 바꾸어놓았는지는 새삼스럽게 설명할 필요조차 없을 정도다.

사실 스테인리스도 녹이 슬기는 한다. 다만 스테인리스 표면에서 강철에 함유된 크로뮴이 산화되어 아주 얇고 튼튼한 막을 형성함으로써 산소 공격을 막아 내부로 녹이 진행되는 현상을 막는 것뿐이다.

이뿐만 아니라 강도, 가공성, 용접의 용이성 등 다양한 특징을 가진 특수 강철이 다수 개발되어 우리 생활을 뒷받침하고 있다. 다채로운 합금을 만들 수 있는 포용성이야말로 철이란 원소의 커다란 매력 중 하나다.

전 세계를 지탱하는 문명의 토대

제철 기술은 지금도 끊임없이 발전하는 중이며, 오늘날 용광로 한 기는 하루에 무려 1만 톤이 넘는 철을 만들어낸다. 전 세계 금속 생산량의 90% 이상이 철이며 2015년 전 세계 조강 생산량은 총 16억 2,280만 톤으로, 이것은 도쿄 전체를 30cm에 가까운 두께로 덮을 수 있는 양이다.

철이 곧 힘이라는 사실은 오늘날에도 변함이 없다. 강철 생산량은 국가의 힘을 나타내는 가장 뛰어난 지표다. 산업혁명 후에는 영국이, 제2차 세계대전 후부터 1970년경까지는 미국이 압도적으로 선두였지만 석유파동을 계기로 소련에 추월당한다. 소련이 붕괴한 후 1990년대부터는 일본이 선두에 섰으나, 1990년대 후반부터 폭발적으로 성장한 중국이 현재 전 세계 점유율의 약 50%를 차지하고 있다.

한편, 철의 고부가가치화 또한 진행 중이다. 오늘날의 제철소는 대규모인데도 엄격히 온도를 관리해 강도나 연장성, 용접의 용이성 등 다양한 요구를 만족하는 철을 만들어낸다. 연금술사들은 철로 금을 만들어내지 못했지만 그 후예인 과학자들은 철에서 금보다 유용한 금속군을 다수 만드는 데 성공한 셈이다.

이렇게 살펴보면 인류가 철을 이용해 문명을 발전해왔다기보다 문명이 철의 성질에 맞춰 발전해온 듯하다. 플라스틱이나 탄소섬유 등 뛰어난 재료가 많이 등장했으나, 철을 직접 대체할 만한 재료는 앞으로도 탄생할 것 같지 않다. 히타이트 이래, 인류는 변함없이 '철기시대' 한가운

데에 있으며, 아마 인류가 존재하는 한 철이 재료의 왕좌를 물려주는 일
은 없을 것이다.

제5장

문화를 전파한
대중매체의 왕
종이
(셀룰로스)

강한 섬유질, 엽록소에 의한 광합성 시스템,
춥거나 메마른 환경을 견뎌내는 씨앗,
이것은 식물이 진화 과정에서
고안해낸 '3대 발명품'이다.

종이에서 액정 디스플레이까지

　여름철 마당에 무성하게 자란 풀을 뽑느라 고생하는 사람은 나뿐만이 아닐 것이다. 풀은 언뜻 연약해 보이지만 막상 뽑으려 하면 어째서 그리 억센 것일까? 손바닥에 생긴 굳은살을 바라보며 생명의 강인함을 새삼스레 깨닫는다.

　땅에서 자라나 도망칠 수도, 먹잇감을 쫓을 수도 없는 식물은 살아남기 위해서 여러 가지 장치를 만들어냈다. 거센 바람을 맞아도 쓰러지거나 찢어지지 않는 강하고 유연한 섬유는 식물이 생존하는 핵심적 요소 중 하나다.

　식물의 특성은 겉모습과 성장주기, 생존하는 환경에 이르기까지 놀랄 만큼 다양하지만 강한 섬유질, 엽록소에 의한 광합성 시스템, 춥거나 메마른 환경을 견뎌내는 씨앗, 이 세 가지는 공통으로 발견된다. 이것은 식물이 진화 과정에서 고안해낸 '3대 발명품'이다.

식물 섬유가 강하고 질긴 이유는 셀룰로스와 리그닌이라는 두 가지 물질 때문이다. 사람의 몸으로 말하면 셀룰로스가 골격, 리그닌이 근육에 해당한다. 식물이 지구 표면을 덮어버릴 만큼 번성하는 데 이 조합은 커다란 무기가 되었다. 예를 들어 나무 무게의 40~50%는 셀룰로스이므로, 셀룰로스는 지구상에 가장 많이 존재하는 유기화합물이다. 전 세계 식물이 만들어내는 셀룰로스는 연간 1,000억 톤이라고 한다.

이 엄청난 양의 유용한 물질을 인류가 활용하지 않을 리 없었다. 실제로 우리는 셀룰로스로 둘러싸였다고 해도 좋다. 앞에서 이야기했듯이 목재의 주성분은 셀룰로스이므로, 건축 자재나 연료로서 가장 오래전부터 인류와 함께해온 재료인 셈이다. 모시나 무명 같은 천 또한 거의 순수한 셀룰로스이기 때문에 의류에서도 중요하다. 식물성 섬유도 대부분 셀룰로스이며, 의약품인 알약을 만드는 데도 이용한다. 셀룰로스를 생산하는 세균도 있다. 예를 들어 나타데코코 Nata de coco (코코넛을 젤리 형태로 가공한 식품—옮긴이)는 아세트산균이 만들어낸 젤 형태의 셀룰로스다.

화학가공한 셀룰로스도 널리 이용된다. 아세테이트 섬유가 대표적으로, 한때 폭넓게 사용했던 셀룰로이드 또한 셀룰로스로 만든다(11장 참조). 아세틸셀룰로스라 불리는 물질은 사진 필름이나 액정 디스플레이에 널리 사용하니, 셀룰로스는 고도의 첨단 기술 제품에도 필수 재료다.

무엇보다 우리 가까이에 있는 셀룰로스 제품은 역시 종이일 것이다. 책이나 노트 등 정보를 기록하는 매체로는 물론, 미닫이문 등의 건축 재료, 골판지나 포장지 등의 포장 재료, 종이컵이나 우유 팩 등의 용기류, 커피 필터나 종이 기저귀, 화장지 등의 일상용품에 이르기까지 우리가 종이 제품에 신세 지지 않는 날은 단 하루도 없다. '인류사 최대의 발명품은 무엇인가?'란 질문에는 다양한 대답이 있겠지만 종이는 그 유력 후보에 틀림없이 꼽히지 않을까.

종이를 발명한 사람

종이는 예부터 널리 사용되는 재료로는 드물게 발명자의 이름은 물론 발명 연대까지 확실하다. 발명자는 중국 후한시대(25~220)의 환관이었던 채륜蔡倫이란 인물이다. 채륜은 환관 중에서도 간부급 직책인 중상시를 거쳐 상방령尙方令이란 자리에 올랐다. 상방령은 황제가 사용하는 물건을 만드는, 이른바 궁정의 공방을 책임지고 관리하는 자리다. 채륜은 발명에 매우 뛰어난 재능을 지닌 인물이어서 그가 만드는 도구류는 정밀하다는 평이 자자했다고 한다. 이 같은 타고난 재능과 자유롭게 시행착오를 거듭할 수 있는 자리가 만나 역사적 혁신이 탄생한 것이리라.

서기 105년, 채륜은 나무껍질이나 모시 조각, 찢어진 어망 등을 원료로 삼아 얇고 질긴 종이를 발명해냈다. 역사서에 따르면, 채륜이 당시

황제인 화제에게 이 종이를 바치자 화제는 크게 기뻐하며 채륜의 재능을 칭송했다고 한다.

그때까지는 기록 매체로 주로 목재 또는 기름을 뺀 대나무를 여러 개 묶어 만든 목간이나 죽간을 사용했다. 이것들은 부피가 커서 두말할 필요도 없이 다루기 힘들었다. 반면, 종이는 글씨를 편하게 쓸 수 있을 뿐 아니라 얇아서 자리를 많이 차지하지도 않는다. 종이를 말거나 모아서 묶으면 효율적으로 정보를 모을 수 있다. 이전까지와는 비교가 되지 않을 만큼 편리성이 향상된 것이다.

참고로 채륜 이전의 시대에도 종이 비슷한 물건이 존재하기는 했다. 지금까지 발견된 '가장 오래된 종이'는 간쑤성 톈수이시에서 출토된 마 조각으로, 기원전 179년~기원전 142년경의 종이로 추정된다. 글자가 적힌 종이로는 전한시대의 선제 황제 때 만들었다고 추정되는 '현천지'懸泉紙가 가장 오래되었다.

이집트의 파피루스(파피루스 줄기 껍질을 나란히 놓고 강한 압력을 가해 종이 형태로 만든 것) 등 중국 이외에서도 이미 종이와 비슷한 물건이 발명되어 있었다. 그러나 이 물건들은 품질이 좋지 않았을뿐더러 값도 매우 비쌌다.

채륜의 공적은 흔한 재료나 폐기물을 원료로 해 종이를 적은 비용으로 만들어낸 데 있다. 채륜이 만든 종이는 얇고 질겨서, 이전의 종이와는 비교가 되지 않을 만큼 고품질이었다. 그야말로 파괴적 혁신이라 불릴 만한 것이었다.

채륜은 종이를 어떤 방식으로 만들었을까? 먼저 너덜너덜한 모시 천을 깨끗이 빨아서 재와 함께 삶는다. 현대 과학 용어로 표현하면, 알칼리로 가열해 불순물을 분해·제거해 순수한 셀룰로스를 추출하는 작업이다. 이것을 절구에 넣고 찧은 다음 물에 푼 뒤 망을 덧댄 나무틀로 건져낸다. 마지막으로 이것을 잘 건조하면 종이가 완성된다. 이 제조법은 2,000년 가까이 지난 오늘날의 방법과 기본적으로 똑같다. 이 점을 생각하면 채륜 이전 시대에 유사품이 있었을지언정 채륜을 종이의 발명자라고 단정해도 지나치지 않다.

식물이 만든 최고의 건축 재료

어째서 종이는 이토록 얇고 질긴 것일까? 종이의 원료인 셀룰로스를 화학의 관점에서 살펴보자. 셀룰로스는 수많은 포도당 분자가 길게 일직선으로 연결된 구조로 되어 있다. 즉, 포도당으로 구성된 사슬이다. 식물의 잎이 광합성 작용으로 만들어내는 포도당을 그대로 원료로 쓸 수 있기 때문에 효율성이 매우 높을 뿐 아니라 대량생산 또한 가능하다.

포도당 분자에는 여러 개의 하이드록시기(p.67 설명 참조)가 있다. 셀룰로스 분자 전체로 보면 몇 천, 몇 만 개의 수소와 산소가 있는 셈이다. 수소와 산소는 서로 잡아당겨 수소결합이란 결합 형식을 만든다. 수소결합은 일반적인 원자 간 결합(공유결합)의 고작 10분의 1정도의 강도를 지니지만 여러 개가 모이면 좀처럼 무시하기 힘든 힘을 발휘한다.

이 수소결합으로 이웃한 포도당끼리, 혹은 다른 사슬의 포도당 분자들이 서로를 잡아당겨 결합함으로써 상당히 질긴 섬유를 형성한다. 셀룰로스 섬유에는 다른 분자나 분해 효소가 비집고 들어갈 틈도 적으므로, 셀룰로스는 오랜 세월을 견디고 계속 안정한 상태로 존재한다. 천몇 백 년 전에 만들었는데도 변함없이 형태를 유지하는 목조 불상에 오늘날에도 우리가 합장할 수 있는 이유 역시 강하고 질긴 셀룰로스 섬유의 힘 덕분이다.

포도당이 여러 개 연결된 화합물은 셀룰로스뿐만이 아니다. 아밀로스, 즉 전분도 포도당이 길게 연결된 구조다. 평면도로 나타냈을 때 이둘 사이에는 어떠한 차이도 없다. 하지만 셀룰로스와 아밀로스의 성질은 하늘과 땅만큼 다르다. 우리는 종이나 무명을 먹지 못하며, 반대로 따끈따끈한 밥 또한 입을 수도 글씨를 쓸 수도 없다.

셀룰로스와 아밀로스의 차이점은 단 하나, 포도당 분자의 결합 방식이다. 셀룰로스는 포도당이 곧게 직선 형태로 연결되어 있지만 아밀로스는 나선 형태로 연결되어 있다.

셀룰로스는 직선적이므로 쉽게 다발을 형성해 틈이 적은 섬유가 된다. 한편 아밀로스의 나선은 건조한 상태에서는 튼튼하나, 물 분자가 들어간 상태에서는 나선이 느슨해져 다른 분자의 침입을 쉽게 허용한다. 전자가 생쌀이고 후자가 밥알이다.

느슨해진 상태의 아밀로스는 보존 가능한 영양원으로서 매우 적합하다.

○ 셀룰로스의 구조

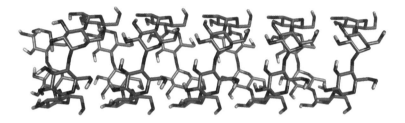

○ 아밀로스의 구조

다수의 씨앗과 감자류는 대개 이 아밀로스의 형태로 에너지를 보존한다.

식물은 가장 생산하기 쉬운 포도당을 바탕으로, 질기고 유연한 최고의 건축 재료와 다음 세대가 성장하는 데 필요한 우수한 에너지원을 모두 만들어내는 셈이니, 정교한 자연의 섭리에 그저 감탄할 뿐이다.

2,000년 전 베스트셀러의 탄생 비화

종이의 장점은 정보를 기록하고 전달하며 남기기에 적합하다는 점이다. 중국의 진시황제는 '분서'를 단행해 정복한 나라의 역사서와 유교 경전 등 자신에게 불리한 서적을 모조리 불태웠다. 종이가 발명되기 이

전에는 문서가 목간 등에 기록되어 있었기 때문에 불에 태워 정보를 없애기란 매우 간단했다.

종이 역시 불에 약하기는 매한가지나 훨씬 싼값에 대량생산이 가능하므로 정보를 복사해 여러 군데에 보관할 수 있다. 즉, 책을 한두 권 불태워서는 정보를 완전히 없애기가 불가능하다. 비용이 절감되어 대량생산할 수 있게 된 매체는 정보의 존재 방식 자체를 바꿔놓았다.

종이의 등장은 문화에도 큰 영향을 끼쳤다. 본래 한자는 소나 말의 뼈, 거북이 등딱지에 새기기 위한 문자(갑골문자)로서 탄생했지만 목간과 붓이 보급되면서 글자 모양도 변해 전서와 예서라는 서체가 탄생했다. 종이가 발명된 후한시대에는 오늘날의 우리에게도 매우 익숙한 해서와 행서가 만들어져 수많은 명필이 등장했다. 그리고 종이 질이 개량된 동진시대(317~420)에는 서성書聖이라 불리는 왕희지王羲之가 활약해 서예는 점차 예술의 영역으로 격상되었다.

보존하기 쉽고 운반하기 편한 종이란 매체는 문화의 전파에도 공헌했다. 서진시대(265~316)의 문인이었던 좌사左思 또한 〈삼도부〉三都賦란 제목의 시문을 10년에 걸쳐 완성했다. 이 시는 엄청난 반향을 일으켰고 사람들이 앞다투어 필사했으므로, 뤄양에서는 종이가 부족해져 종잇값이 폭등했다고 한다. 베스트셀러가 탄생한 셈인데, 이 사건으로 뤄양의 종잇값이 올랐다는 뜻의 '낙양지가귀'洛陽紙價貴란 고사성어가 태어났다.

'과거'科擧 또한 종이가 보급되지 않고는 성립하기 어려운 제도다. 과거란 일반 백성 가운데 재능이 뛰어난 자를 선발해 국가를 위해 일하는 관료로 삼기 위한 시험이다. 가문에 얽매이지 않고 재야의 인재를 발탁할 수 있다는 획기적인 제도였지만 그만큼 경쟁이 심해 경쟁률이 3,000배에 달하기도 했다.

시험은 《논어》, 《맹자》 등 사서오경에서 출제되므로, 응시자는 약 43만 자에 달하는 고전과 주석을 통째로 암기해야 했다. 부정행위도 적지 않았는지 무려 수십만 자가 빼곡히 적힌 커닝용 속옷이 아직도 남아 있다. 공부를 위해서도, 시험을 위해서도 엄청난 양의 종이가 필요했던 것이다.

과거는 수나라(581~618) 문제가 6세기 말에 시작한 이래, 20세기 초반까지 이어졌다. 수많은 유명 정치가가 과거를 통과해 궁정에서 권력을 움켜쥠으로써 역사를 움직여왔다. 종이와 붓이란 뛰어난 필기도구가 없었다면, 이 같은 대규모 인재 등용 제도 또한 탄생하지 못했을 것이다.

고구려에서 일본으로 건너간 종이

제지 기술은 머지않아 전 세계로 퍼져나갔다. 일본에서는 스이코 일왕 시대인 610년에 고구려에서 건너온 승려 담징이 종이를 만들었다는 것이 가장 오래된 기록이다. 하지만 당시 호적 정비 등 종이가 필요한 사업을 이미 시작했던 사실로 보아 610년 이전에 이미 종이가 전래했을 가능성이 크다.

다행히 일본에는 삼지닥나무, 닥나무 등 훌륭한 종이를 만드는 데 적합한 식물이 있었다. 게다가 종이를 뜰 때 닥풀 뿌리에서 나오는 점액을 섞음으로써 얇고 질긴 종이를 만들 수 있다는 사실이 밝혀진다. 뒤에서 설명할 유럽의 상황과 비교해보면 이 식물들이 일본 문화에 얼마나 큰 영향을 끼쳤는지를 알 수 있다.

일본 종이의 강한 내구성은 닥나무 등에서 얻을 수 있는 긴 섬유에 비밀이 있다. 또 섬유의 '접착제' 역할을 하는 점액의 주성분이 다당류로, 셀룰로스처럼 당류가 여러 개 연결되어 있다는 점도 한몫했다. 이 당류들이 수소결합으로 밀접하게 연결됨으로써 일본 종이 특유의 강인함과 부드러움을 만들어낸다.

이와 같이 종이 만들기에 적합한 풍토와 거듭된 연구 덕분에 일본 종이란 독특한 문화가 차츰 성장했다. 훌륭한 재료를 마음껏 손에 넣을 수 있었던 덕분에 일본에서 《겐지 모노가타리》源氏物語(11세기 초, 무라사키 시키부가 지은 세계에서 아주 오래된 장편 소설—옮긴이)를 비롯한 문학이 일찍부터 꽃을 피울 수 있었다.

종이는 단순한 기록 매체가 아니다. 미닫이문, 후스마(나무틀을 짜서 양면에 두꺼운 헝겊이나 종이를 바른 문—옮긴이) 등 종이를 많이 사용하는 건축은 일본 가옥의 큰 특징이다. 그리고 종이를 접어 꽃이나 동물 등 다양한 형태를 만드는 '종이접기'도 일본을 특징짓는 종이 문화 중 하나다. 다른 나라에서도 종이접기를 했지만 얇고 질긴 일본 종이는 복잡한 조형물을 만들기에 적합했으므로 종이접기는 일본에서 크게 발전했다. 일본어로 종이접기를 뜻하는 '오리가미'origami란 말은 오늘날 전 세계에서 통용된다.

메이지시대 이후 기계로 뜬 서양 종이가 보급되면서 일본 종이의 생산량은 급감했으나, 아름답고 질긴 일본 종이는 오늘날에도 여전히 공예품으로 인기가 높다. 일본 지폐에도 삼지닥나무가 사용되는 등 일본 종이의 전통은 우리와 가까운 곳에 살아 있다.

서양에서는 왜 뒤늦게 종이를 사용했을까?

751년, 서쪽으로 세력을 확장한 당나라는 점차 두각을 드러내던 아바스 왕조의 이슬람제국(750~1258)과 오늘날의 카자흐스탄 부근에서 충돌했다. 바로 '탈라스 전투'다. 이 전투로 당나라군은 큰 피해를 입어, 이슬람 측의 사료에 따르면 2만 명이 포로가 되었다고 한다.

이 전투는 후세에 지대한 영향을 끼쳤다. 영향을 끼친 원인은 전쟁의 결과 자체가 아니라 당나라군 포로 속에 있던 종이 장인들이다. 장인들에게 종이 뜨기 기술이 있었던 것이다.

처음으로 종이를 접한 아바스 왕조 사람들은 바로 종이의 중요성과 편리성을 깨달은 듯하다. 종이의 재료가 될 만한 식물을 찾아 제지법을 연구하기 시작했고, 794년에는 수도 바그다드에 제지소를 세워 행정문서와 공문서에 종이를 사용했다.

얼마 안 가 종이는 유럽에까지 전파되었다. 전해지는 말에 따르면, 제

2차 십자군원정에 참전했다 포로로 잡혔던 장 몽골피에Jean Montgolfier란 프랑스 병사가 다마스쿠스(지금의 시리아)의 제지소에서 강제 노동을 한 후 귀향해, 1157년에 제지업을 시작했다고 한다. 열기구로 역사상 처음 유인 비행을 한 조제프 미셸 몽골피에Joseph Michel Montgolfier와 자크 에티엔 몽골피에Jacques Étienne Montgolfier 형제는 그의 자손으로, 가업으로 만든 종이 를 비행 때 열기구 안쪽에 붙였다. 몽골피에 가문의 제지 회사는 미술 용지 제조회사로 이름을 바꾸어 현재까지 이어져오고 있으며 파블로 피 카소와 마르크 샤갈 등 당대의 예술가에게 제품을 제공하기도 했다.

그런데 제지 기술이 전파된 연도를 보면 스페인 1056년, 이탈리아 1235년, 독일 1391년, 영국 1494년, 네덜란드 1586년, 그리고 북미

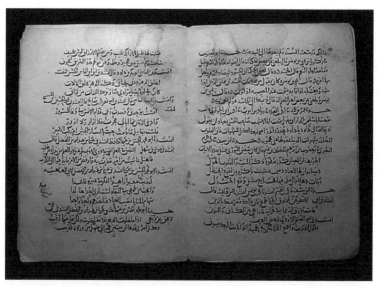

○ 《아라비안 나이트》도 사본으로 만들어 퍼졌다.

1690년으로(이들 연대에는 다른 설도 있다), 뜻밖에도 제지 기술이 매우 천천히 퍼져나갔다. 그 이유는 유럽에서 제지에 적합한 식물을 좀처럼 손에 넣기가 어려웠던 데 있다. 종이의 원료로 쓰인 재료는 낡은 리넨(아마의 실로 짠 얇은 직물)으로, 종이 수요가 늘어남에 따라 리넨의 가치도 덩달아 올라갔다. 1666년에 영국에서는 죽은 사람을 리넨으로 싸서 매장하는 것을 금지하는 법률이 제정되었을 정도다. 유럽에서는 독일의 프리드리히 고틀롭 켈러Friedrich Gottlob Keller가 목재로 펄프를 만드는 법을 개발한 19세기 중반 무렵에 이르러서야 종이를 대량으로 생산해낼 수 있었다.

동양에서는 서예나 수묵화 등 종이를 그림의 재료로 하는 예술이 발전했다. 한편 서양에서는 오랜 기간 조각이 예술 분야에서 중요한 위치에 있었으며, 회화 또한 프레스코화(6장 참조)와 유화 같은 장르가 주류를 이루었다. 유럽에 질 좋은 종이가 풍부했더라면 미술사의 흐름은 어떻게 변했을지 상상해보는 것도 흥미로울 듯하다.

인쇄술의 전파와 구텐베르크

15세기 중반, 종이를 구하기 어려웠던 유럽에서 종이 수요를 폭발적으로 늘려준 사건이 일어났다. 바로 인쇄술의 발명이다. 필사와는 비교가 되지 않는 속도로 정보를 대량으로 찍어내는 '인쇄'란 기술이 얼마나 획기적이었는지는 아무리 강조해도 지나치지 않을 것이다. 기록에 따르면 활자를 조합해서 찍는 활판 인쇄는 11세기 송나라에서 이루어졌다고 한다.

이 같은 결과물을 제쳐놓고 역사에 이름을 새긴 것은 요하네스 구텐베르크Johannes Gutenberg가 개발한 인쇄기다. 구텐베르크는 포도 압착기를 개조한 인쇄기로 1450년 무렵부터 인쇄업을 시작했다고 한다. 잉크나 활자의 대량생산 방법부터 사업화에 이르기까지 모든 과정을 혼자서 해냈다고 한다. 이로써 서적의 가격은 단숨에 10분의 1로 떨어졌으며, 필사에 늘 따라다니기 마련인 오기誤記도 사라졌으니, 구텐베르크의 인쇄기가 정확한 정보를 보급하는 데 얼마나 크게 공헌했는지는 이루 말하기 어렵다.

그러나 구텐베르크 자신은 인쇄술을 개발하기 위해 계속해서 돈을 빌렸고, 모처럼 완성한 인쇄기는 빚에 대한 저당으로 채권자에게 넘어가 버렸다고 한다. 어쩐지 씁쓸한 역사의 일화다.

구텐베르크의 인쇄 기술로 만들어진 것 중에는 악명 높은 '면죄부'도 있다. 교회에 돈을 내는 대신 죄를 면할 수 있

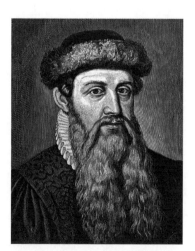

○ 인쇄기를 발명한 요하네스 구텐베르크

다는 이 방식에 많은 사람이 교회의 타락을 감지했다. 독일의 신학자 마르틴 루터도 그중 한 사람이었다.

1517년, 루터가 면죄부의 옳고 그름을 논한 〈95개 조 반박문〉은 활판으로 찍혀 배부되었고, 그 내용은 겨우 2주 만에 독일 전체로, 한 달 만에 기독교권 전체로 퍼져나갔다. 예전과는 비교가 되지 않을 만큼 정보의 전파 속도가 압도적으로 빨라진 셈이다. 이 분노의 물결은 이윽고 종교 개혁으로 이어져 유럽 전체를 집어삼켰고, 가톨릭과 프로테스탄트가 갈라서는 결과를 낳았다. 대량으로 생산된 얇은 종잇조각이 말 그대로 역사를 바꾼 것이다.

이처럼 종이와 인쇄술에 따른 지식의 보급은 유럽에서 과학 기술이 보급되는 데 큰 공을 세웠다. 한편 이슬람권에서는 인쇄술이 보급되지 않았다. 보급은커녕 경시되어 박해를 받았다. 오스만제국(1299~1922)의 술탄 바예지드 2세와 셀림 1세는 아랍어 및 터키어를 인쇄하는 행위를 일체 금지하는 법률을 포고했는데, 이 법률은 그 후 300년간 제국 내에서 통용되었다.

이슬람권에서 '쓴다'는 행위는 신이 인간에게 준 선물이었으므로 코란을 필사하는 일은 무엇보다 고귀한 행위로 여겼다. 또 문자를 필사하는 일은 동양의 서예와 마찬가지로 예술의 한 분야였다. 이 작업을 기계에 맡긴다는 것은 이슬람인들에게 타락이자 신의 가르침에 대한 모독이었다.

8세기부터 13세기까지 이슬람권의 과학 기술은 세계 최고 수준이었

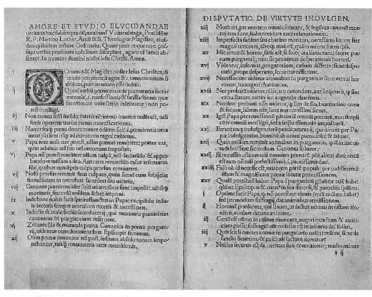

○ 종교개혁의 시발점이 된 루터의 〈95개조 반박문〉

지만 르네상스 이후 유럽에 추월을 허용하더니 결국 크게 뒤처지고 말았다. 이렇게 된 큰 원인은 인쇄 기술 도입을 거부한 탓에 지식 보급이 저해되었던 것이란 의견도 있다(니콜라스 앤드루 바스베인스Nicholas Andrew Basbanes가 쓴 《젠틀 매드니스》 참고). 인쇄물이 현대 사회에서 얼마나 중요한 역할을 담당하는지를 떠올려보면 충분히 설득력 있는 주장처럼 들린다.

디지털 매체 때문에 종이가 사라질까?

이후에도 종이를 매개로 정보와 지식이 전달되면서 세계의 역사 및 문화는 점차 크게 변해갔다. 오늘날 종이의 혜택을 의식조차 하지 못할 만큼 종이는 우리 생활에 깊이 침투했다. 인류의 문명은 셀룰로스로 구성된 이 연약하고 얇은 조각 위에 세워진 것이다.

20세기 후반에 접어들면서 드디어 대중 매체의 왕인 셀룰로스의 지위를 위협하는 재료가 등장했다. 바로 9장에서 설명할 자석, 즉 각종 자기 기록 매체다. 오늘날에는 한 군데 서점에 진열된 책 속 내용이 손바닥만 한 하드디스크 하나에 들어가며, 필요한 정보로 순식간에 접속할 수 있다.

자기기록 매체가 등장했을 당시에는 이제 종이가 자신의 임무에서 물러나게 되어 종이 없는 사회가 도래하리라고 줄곧 선전했다. 하지만 그로부터 수십 년이 지난 지금, 전 세계 종이 생산량은 연간 4억 톤을 넘어 계속 증가 중이다. 취급하는 정보량이 비약적으로 늘어난 만큼 이를 열람하기 위한 종이의 수요도 늘어나고 있는 것이다.

그리고 놀랍게도 무려 2,000년간 인류의 곁에 있었던 종이(=셀룰로스)에는 아직도 거대한 성장 잠재력이 있다. 나노 셀룰로스가 대표적 재료다. 나노 셀룰로스는 식물에서 얻은 셀룰로스 섬유를 무려 수십 나노미터쯤 되는 크기로 분해한 물질인데, 이것을 굳히면 투명해진다. 종이는 셀룰로스 섬유 사이에 공기가 포함되어 있어서 빛을 반사해 하얗게 보이지만 셀룰로스 나노파이버CNF는 공기가 들어갈 틈이 없으므로 빛을 통과시킨다.

이 나노 셀룰로스와 플라스틱을 합치면 무게가 강철의 5분의 1밖에 되지 않으면서 강도가 5배나 되는 재료가 탄생한다. 혼합하는 플라스틱의 성분을 바꿈으로써 '전기를 통과시키는 종이'를 만들어낼 수도 있다. 지금 단계에서는 제조 비용이 많이 드는 것이 단점이나, 이 문제만 해결된다면 가볍고 저렴할 뿐 아니라 응용 범위까지 넓은 재료가 될 것이다. 현재 널리 사용되는 탄소섬유 대신 항공기나 자동차에 쓰면 연료가 크게 절약되어 이산화탄소$_{CO_2}$ 배출량 또한 줄어든다. 나노 기술 시대의 '종이'는 그야말로 강함과 우아함을 겸비한 우수한 재료다.

2,000년의 전통을 자랑하는 종이는 새로운 기술의 등장으로 그 왕좌를 물려주기는커녕 활약의 장을 계속해서 넓혀가고 있다. 구하기 쉬울 뿐 아니라 응용 범위까지 넓은 셀룰로스란 재료를 어떻게 활용하느냐는 앞으로 우리 사회가 발전하는 데 중요한 열쇠가 될 것이다.

제6장

다채로운 얼굴을
가진 천생 배우
탄산칼슘

분필, 치약, 지우개 같은 생필품부터
이스트, 햄과 소시지, 과자 같은 식품,
그리고 시멘트와 대리석 같은 건축재까지
탄산칼슘은 다채로운 얼굴을 가진
배우 같은 재료다.

자유롭게 형태를 바꾸는 천생 배우

앞에서 철을 재료의 왕이라고 했다. 그럼 재료 세계의 천생 배우라고 할 만한 물질은 무엇일까? 바로 이번 장의 주인공 탄산칼슘이다. 무릇 배우라면 영웅부터 악역까지 다양한 역할을 소화해야 한다. 이 점에서는 탄산칼슘만 한 물질이 없다. 탄산칼슘은 놀라울 만큼 다채로운 얼굴을 하고 있다.

탄산칼슘은 석회암의 형태로 대량 산출된다. 일본을 예로 들어보자. 일본은 자원이 부족한 나라지만 석회암만은 풍부하다. 관광지로 유명한 일본 최대의 카르스트 대지 아키요시다이秋吉台와 시코쿠 카르스트는 석회암이 군데군데 지표에 노출된 장소다. 또한 일본 여기저기에서 지하

○ 라스코 동물 벽화. 석회암 위에 그려져 오랜 시간 그대로 유지되었다.

깊숙한 곳의 석회암이 지하수에 녹아서 형성된 종유굴도 발견된다.

우리에게 가장 친근한 탄산칼슘 덩어리는 예나 지금이나 교실에 없어서는 안 되는 분필이다. 연마력이 있는 탄산칼슘 가루는 치약이나 지우개에 들어가고, 도기 재료로 쓰이기도 한다. 또 종이를 뜰 때 종이가 하얗게 비치는 현상을 막아주기 때문에 제지업에서도 매우 중요하다.

탄산칼슘은 심지어 식품에도 들어간다. 탄력 있는 라면 면발을 만들 때 사용하는 함수鹹水, 빵을 빨리 발효하게 해주는 이스트, 햄·소시지, 과자류 등을 비롯해 영양 강화제나 의약품인 알약의 기본 재료가 되는 등 다방면에 걸쳐서 활약한다.

겉모습은 완전히 다르지만 대리석의 주성분 또한 탄산칼슘이다. 대리석은 석회암이 마그마 열에 녹았다가 다시 결정을 이룬 것으로, 조각이나 건축에 빠뜨릴 수 없는 재료다. 또 석회 가루를 물과 안료로 착색한 다음 완전히 마르기 전 회반죽 위에 그림을 그리는 기법은 프레스코화라고 한다. 대표적 프레스코화로는 로마 바티칸 궁정 내 시스티나 예배당에 걸린 미켈란젤로의 〈최후의 심판〉이 꼽힌다.

게다가 인류 역사상 가장 오래된 작품으로 알려진 라스코 동굴 벽화 또한 석회암 위에 그려진 일종의 프레스코화다. 벽화가 1만 5,000년이나 되는 세월을 견디고 우리 눈앞에 존재하는 까닭은 오랜 세월 변하거나 닳지 않는 석회암에 그려진 덕분이다. 예술 분야에서 탄산칼슘이 인류에게 베풀어준 은혜는 상당히 크다.

운명이 갈린 쌍둥이 행성

지구에 탄산칼슘이 풍부한 이유는 무엇일까? 사실 탄산칼슘의 원료는 공기 중에 있는 이산화탄소다. 이산화탄소는 물에 쉽게 녹으므로 바다에 흡수되어 탄산이 되고, 더 나아가 바닷물 속에 풍부한 칼슘이온과 만나 불용성의 탄산칼슘이 되어 가라앉는다.

이렇듯 대량의 이산화탄소가 석회암으로 '고정'된 사건은 지구의 운명을 판가름하는 데 결정적 역할을 했다. 잘 알려졌듯이 이산화탄소는 온실효과를 일으키는 가스로, 태양열을 대기 안에 가두어 지구 온도를 높인다. 지구가 갓 탄생했을 당시에는 무려 60기압에 달하는 짙은 이산화탄소가 지표를 덮고 있어서, 이러한 상태가 계속되면 바닷물이 바싹 말라버릴 만큼 지구는 고온이었다. 그러나 해저 화산 등에서 분출된 칼슘과 바닷물에 녹은 이산화탄소가 결합해 해저에 쌓이는 반응이 일어남으로써 대기 속 이산화탄소가 감소했고 기온도 점차 내려갔다.

금성은 지름과 질량이 지구와 거의 비슷해 지구의 쌍둥이 행성이라 불린다. 한때는 금성에도 바다가 있었다는 사실이 밝혀졌다. 하지만 금성은 지구보다 태양에 조금 더 가까운 탓에 열을 많이 받아서, 바다가 이산화탄소를 흡수하기도 전에 완전히 증발해버렸다. 그 결과 금성의 대기에는 90기압에 달하는 이산화탄소가 남았으며, 강렬한 온실효과로 기온이 무려 400℃ 이상이나 된다.

조금만 어긋났더라면 지구 또한 금성처럼 뜨거운 행성이 되었을지도 모른다. 우리가 쾌적한 온도에서 생활하는 것은, 아니 생명을 유지하는 것은 엄청난 양의 이산화탄소를 가두어준 탄산칼슘 덕분이다.

탄산칼슘이 없으면 인류가 굶주린다?

석회가 중요한 재료인 이유는 나뭇재와 함께 가장 손쉽게 구할 수 있는 알칼리성 물질이라는 점이다. 게다가 석회석이나 조개껍질을 빻은 후 열을 가하면 이산화탄소가 날아가서 생석회(산화칼슘)가 된다. 이 생석회는 더욱 강한 알칼리성으로 살균작용을 한다.

뜻밖의 장소에서는 생석회를 조명에 사용하기도 했다. 생석회를 수소와 산소의 혼합 가스로 만든 고온의 불꽃으로 태우면 강렬한 백색 빛을 발하는데, 이 빛은 석회(영어로 라임lime)의 빛이라는 뜻에서 '라임라이트'limelight라 불리며 극장의 무대 조명 등으로 널리 이용되었다. 20세기에 들어와서 백열전구에 자리를 내주었지만 영어권에서는 지금도 여전히 라임라이트를 '주목하는 대상'이란 의미로 사용한다.

영국의 우주생물학자 루이스 다트넬Lewis Dartnell은 그의 저서 《지식—인류 최후 생존자를 위한 리부팅 안내서》에서 세계가 어떤 형태로든 종말을 맞이한 이후 인류가 과학 문명을 다시 일으키기 위한 방법을 시뮬레이션했다. 이 시뮬레이션에서 다트넬은 문명을 재건할 때 가장 먼저 채굴해야 할 재료로 탄산칼슘을 꼽았다.

이유 중 하나는 탄산칼슘이 식량 생산에 필요한 물질이기 때문이다. 작물이 얼마나 잘 자라느냐는 토양의 산성도에 크게 좌우된다. 산성도가 높으면 중요한 영양분인 인산을 흡수하기 어려운 탓에 식물이 제대로 성장하지 못한다. 특히 산성 토양이 많은 국가에서 이는 큰 문제인데, 석회를 뿌림으로써 산성을 중화한다. 게다가 석회에는 작물을 병충해로부터 보호해주는 효능이 있으므로 농업과 원예업에도 석회를 빠뜨릴 수 없다.

이런 석회의 효능에 주목하여, 일본에 석회를 보급하려 애쓴 인물이 있었다. 바로 동화작가 겸 시인인 미야자와 겐지宮沢賢治(만화 〈은하철도

999〉의 모티브가 된 소설 《은하철도의 밤》의 원작자—옮긴이)다. 농업학교 교사였던 그는 석회를 생산하는 도호쿠 쇄석 공장의 기술자가 되어 제품 전략을 세우고 광고문을 내놓는 등 석회 보급에 온 힘을 쏟았다. 현재 남아 있는 자료로 과학자이자 사업가로 농업의 발전에 열정을 불태웠던 미야자와 겐지의 모습을 엿볼 수 있어서 매우 흥미롭다.

모든 길은 로마로 통한다, 탄산칼슘 덕분에

무엇보다 중요한 탄산칼슘의 용도는 시멘트의 원료라는 것이다. 석회암 70~80%에 점토, 규석, 산화철 등을 20~30% 정도의 비율로 섞어 제분소에서 빻은 후, 이 가루를 1,450℃쯤 되는 고온에서 구우면 탄산칼슘$_{CaCO_3}$에서 이산화탄소$_{CO_2}$가 빠져 산화칼슘$_{CaO}$(생석회)이 된다. 이 덩어리(클링커)를 다시 한번 빻은 것이 바로 시멘트다. 그리고 시멘트를 물로 반죽한 후에 내버려두면, 칼슘과 규산이온 등이 결합해 네트워크를 만들고 단단하게 굳는데, 여기에 미리 모래나 자갈을 섞어 강도를 높인 것이 콘크리트다.

시멘트는 자유롭게 형태를 만들 수 있을 뿐 아니라 굳으면 돌처럼 단단해지므로 건축 재료로 더없이 고마운 존재다. 이 획기적 재료를 처음으로 사용한 때는 약 9,000년 전의 석기시대로 거슬러 올라가야 하니, 어느 시대든 발명가는 있었나 보다. 이집트에서는 시멘트를 피라미드

축조에 사용했고, 중국에서도 약 5,000년 전부터 사용했다. 하지만 시멘트를 가장 효율적으로 이용한 사람은 고대 로마인들이었다.

전해져오는 이야기에 따르면, 기원전 753년에 이탈리아반도 중부에 세워진 고대 로마는 다양한 변천을 경험하면서 지중해 세계를 제패했고 눈부신 문화의 꽃을 피워냈다. 체격으로나 지리 조건으로나 절대 유리하지 않았던 로마인들이 수많은 전투에서 승리를 거두고 1,000년 이상이나 국가를 유지해온 것은 세계사의 기적이다. 이처럼 로마가 오랜 기간 제국을 유지할 수 있었던 힘은 도로와 수도, 각종 건축물과 같은 인프라에 있었다.

'모든 길은 로마로 통한다'라는 속담처럼 로마는 도로를 철저히 정비했다. 도로의 전체 길이는 약 15만km로, 거의 지구를 네 바퀴 도는 길이다. 도로의 상당 부분이 2,000년이 지난 오늘날까지 남아 있을뿐더러 심지어 현재 자동차 도로로 사용되는 곳도 있다고 하니, 그 견고함에 그저 말문이 막힐 뿐이다.

로마의 표준도로는 마차가 스쳐 지나갈 수 있도록 폭이 최소한 4m였고, 차도 양옆에는 폭 3m의 보도가 있었다. 차도는 최대 2m 깊이까지 팠으며, 그곳에 돌로 삼층 구조의 노반(도로나 철로의 바탕이 되는 땅바닥—옮긴이)을 만들었다. 표면에는 커다랗고 두꺼운 돌을 빈틈없이 깐 다음 시멘트로 굳혔다. 산에는 터널, 강에는 다리를 놓는데 모두 대형 투석기와 같은 군사 장비가 통과 가능한 크기였다.

이처럼 잘 정비된 도로 덕분에 로마시대의 여행자들은 도보로 하루

○ 대리석을 주재료로 만든 로마의 콜로세움

에 25~30km, 마차로는 35~40km를 여행할 수 있었다. 영토 전체에 촘촘히 깔린 이 도로 덕분에 아무리 먼 곳에서 전란이 일어나도 로마군은 재빨리 출동할 수 있었다. 거대한 영토를 겨우 30만 명의 병사로 지킬 수 있었던 이유는 이 훌륭한 도로 덕분으로, 견고한 시멘트의 위력 없이는 불가능한 일이었다.

물론 콜로세움이나 공중목욕탕을 비롯한 건축물들, 각 지방에서 수도로 청결한 물을 운반한 수도 등 로마는 모든 인프라에 시멘트를 활용했다. 시멘트라는 재료가 없었다면 로마제국의 영광도 없었을 것이다.

현대 문명 또한 시멘트와 콘크리트 위에 건설되었다. 참고로 콘크리트의 경우 압축에는 매우 강하지만 인장引張(어떤 힘이 물체의 중심축에 평행하게 바깥 방향으로 작용할 때 물체가 늘어나는 현상—편집자)에는 약하다. 그리하여 콘크리트에는 쉽게 금이 간다는 단점이 있는데, 이는 철과 정반대되는 특징이다.

이러한 까닭에 철로 골격을 만든 다음 콘크리트로 덮은 '철근 콘크리트'가 19세기 중반에 프랑스에서 개발되었다. 철과 콘크리트는 서로의 약점을 보완할 뿐 아니라, 알칼리성인 콘크리트로 덮은 철은 녹슬지 않고 오래간다. 고층 빌딩이나 긴 다리 등 우리가 '도시'란 말에서 떠올리는 조형물은 곧 철근 콘크리트 덩어리인 것이다.

탄산칼슘이 만드는 최고의 보석, 진주

앞에서 이산화탄소와 바닷물에 녹아 있는 칼슘이 반응해서 탄산칼슘을 만든다고 설명했다. 수많은 해양 생물도 이 화학반응을 이용하고 있다. 조개와 산호, 일부 플랑크톤 등은 이 반응으로 생성된 탄산칼슘으로 껍데기를 만들어 자신을 보호한다. 지천으로 널려 있을뿐더러 단단해서 잘 부서지지 않는 탄산칼슘은 많은 해양 생물에게 그야말로 하늘이 준 선물이었다.

이 생물들이 만든 껍데기는 생물이 죽은 후에도 사라지지 않고 점차 바다 밑바닥에 쌓여갔다. 실제로 분필 가루를 고해상도의 전자 현미경으로 관찰하면, 그곳에는 눈이 휘둥그레질 만한 세계가 펼쳐져 있다. 평

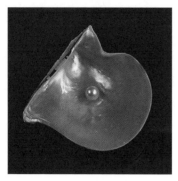

○ 아코야 조개와 진주. 아코야 조개는 진주를 만드는 대표적인 종으로 인도양과 서태평양에 서식한다.

범한 분말처럼 보였던 분필 가루에 원반이 붙은 원형이나 삼각형, 별 모양 구조체 등 복잡하고 불가사의한 모양의 가루가 잔뜩 포함되어 있는데, 이 가루들은 모두 백악기白堊紀 (약 1억 4,500만 년~6,600만 년 전)에 증식한 플랑크톤들이 만든 탄산칼슘 껍데기다. 이들 중 일부가 지상으로 솟아올라 지층이 된 것이다.

백악기의 '백악'은 원래 석회암을 가리키는 말로, 현재 우리가 탄산칼슘을 싼값에 대량으로 이용할 수 있는 이유는 무려 1억 년이나 더 옛날에 살았던 해양 생물 덕분이다.

탄산칼슘으로 만들어진 물건을 모두 싼값에 대량으로 사용할 수 있는 것은 아니다. 누구나 손에 넣고 싶어 하는 고귀한 물건도 있다. 특정한 종류의 조개에서 조개껍데기 성분을 분비하는 외투막이란 부분이 우연히 내부로 들어가 만들어진 구슬 모양의 탄산칼슘이 있는데 바로 진주다.

완벽한 원형을 이루며 빛을 반사해 아름답게 빛나는 진주를 사람들은 예부터 최고의 보석으로 여겼다. 지름 5mm쯤 되는 완벽한 원형의 진주는 진주조개 1만 개 중 겨우 한 개가 발견될 정도라고 한다. 바다 깊숙한 곳에 살 뿐 아니라 바위에 단단하게 붙어 있는 진주조개는 생명의 위협을 무릅쓰지 않으면 잡기 힘들다. 과거에 진주조개가 서식하는 해역은 전 세계에서 페르시아만, 인도, 베트남의 통킹만, 베네수엘라, 그리고 일본까지 겨우 다섯 군데뿐이었다. 아름다움과 희소성을 고루 갖춘 진주는 그야말로 인류의 보물이었다.

역사를 바꾼 클레오파트라의 진주

진주는 고대부터 최고의 보석으로 귀한 대접을 받아 줄곧 비싼 값에 거래되었다. 이러한 사실을 말해주는 가장 유명한 이야기는 이집트의 마지막 여왕 클레오파트라와 로마 장군 안토니우스가 남긴 일화일 것이다.

안토니우스가 클레오파트라에게 대접한 호화로운 식사를 두고 클레오파트라는 '이것은 진정으로 호화로운 식사가 아니다'라고 말한다. 안토니우스가 그렇다면 진정으로 호화로운 식사를 보여달라며 재촉하자, 클레오파트라는 안토니우스 앞에서 귀걸이에 달린 큼지막한 진주를 빼 식초 속에 넣어 녹여버린다. 이 진주는 1,000만 세스테르티우스, 현재 금액으로 환산하면 수백 억 원에 달하는 매우 귀한 보물이었다. 엄청난 광경에 할 말을 잃은 로마인들 앞에서 클레오파트라는 단숨에 식초가 든 잔을 비웠다. 이 모습을 보고 매우 놀란 안토니우스는 클레오파트라의 기지에 매료되었다고 한다.

화학자로서 이 이야기에 말을 덧붙이자면, 식초 정도의 산성으로는 진주가 녹지 않는다. 기껏해야 표면의 광택이 사라질 뿐이다. 어쩌면 클레오파트라는 진주를 녹인 척하고 그대로 삼켜버린 것이 아닐까. 어찌 됐든 이토록 가치 있는 진주를 마셔버린 클레오파트라의 대담함과 연출력은 천하일품이라는 말로밖에 달리 표현할 길이 없으며, 과연 전쟁터에서 산전수전을 겪은 장군 안토니우스의 마음을 사로잡을 정도로 매력적이다. 앞에서도 '클레오파트라의 코가 조금만 낮았더라면 세계 역사는 완전히 달라졌을 것이다'라는 말을 인용했지만 정말로 역사를 바꾼 것은 진주 한 알과 클레오파트라의 기지가 아니었을까.

추악한 세계사의 단면, 콜럼버스의 진주

시대가 흘러 르네상스시대(14~16세기)를 맞이해서도 진주는 여전히 고급품이었는데, 이 진주를 손에 넣고자 야심을 불태운 사람이 있었다. 바로 크리스토퍼 콜럼버스다. 항해를 후원해줄 사람이 필요했던 그는 스페인 국왕에게 '항해에서 얻은 진주, 보석, 금화, 향신료 등의 90%를 바치겠다'는 조건으로 후원을 얻어 대서양으로 떠났다.

콜럼버스는 애초에 생각했던 것만큼 많은 금과 은을 얻지 못했지만, 세 번째 항해에서 도달한 베네수엘라에서 진주로 몸을 장식한 원주민들을 발견하게 된다. 콜럼버스 일행은 크게 기뻐했고, 그 땅에서 약 55L에

○ 크리스토퍼 콜럼버스

달하는 진주를 모으는 데 성공한다. 그들이 당도한 곳은 말 그대로 보석의 산이었다. 그러나 콜럼버스는 진주에 눈이 멀어 사욕에 휩싸였는지, 귀중품의 90%를 스페인 국왕에게 바치겠다는 약속을 깨뜨리고 160알 정도만 바쳤다. 훗날 이 일이 발각되었고, 이로써 콜럼버스의 처지는 위태로워졌다고 한다.

하지만 원주민들에게 이 사건은 비참한 역사의 시작이었다. 스페인인들은 바다에 잠수하는 능력이 없었으므로 원주민들을 폭력으로 위협해 그들이 진주를 채집하게 했다. 또 원주민들은 스페인으로 끌려가 노예로 팔렸는데, 그 값은 약 진주 두 알 분이었다고 한다. 당시에 사람의 목숨이 얼마나 경시되었는지, 또 진주가 얼마나 귀중한 보물이었는지를 짐작할 수 있다.

남미에서 유입된 진주로 유럽 왕족과 부유층은 앞다투어 몸을 치장했다. 16세기 이래 왕족의 초상화에 오로지 진주로만 치장한 그림이 유난히 많은 까닭이 여기에 있다. 그중에서도 영국 엘리자베스 1세의 진주 사랑이 유명해서, 그는 진주로 온몸을 장식한 초상화를 여러 점 남겼다. 당시 왕실에서 많이 쓰였던 마거릿, 마르게리타, 마르그레테, 마르

그리트와 같은 여자 이름은 모두 '진주'를 의미한다(참고로 식품인 '마가린'도 같은 어원에서 유래한 말로 진주처럼 광택이 난다는 사실에서 비롯된 이름이다). 자신의 몸을 화려하게 장식한 진주 때문에 얼마나 많은 사람이 비참한 운명을 맞았는지, 귀족들은 알았을까.

가짜인 듯 가짜 아닌 양식 진주

이후 시대가 변해도 진주의 인기는 변하지 않았다. 그중에서도 프랑스의 로젠탈 가문은 세계 각지에 지점을 두고 진주 유통을 독점해 '진주의 제왕'이라 불릴 정도였다. 로젠탈 가문이 진주 가격을 상승시키는 바람에 20세기에 접어들 무렵에는 진주의 가격이 다이아몬드를 뛰어넘을 만큼 급등했다.

로젠탈 가문의 오랜 지배 체제를 끊은 것은 일본의 신기술이었다. 미에현의 아고만에서 양식 진주 개발에 성공한 것이다. 그 개발자로서 '진주왕'이라고 불리는 미키모토 고키치御木本幸吉가 유명하나, 그는 반원형의 양식 진주만 만들었고 완벽한 원형 진주를 만드는 데 성공한 사람은 미세 다쓰헤이見瀬辰平였다고 한다. 미키모토는 기술자라기보다 양식 진주의 상업화에 성공한 사업가의 면모가 강했다.

1920년대에 수출되기 시작한 양식 진주는 유럽을 경악하게 했다. 이점을 독점해온 진주 유통 업자들에게는 악몽 같은 일이어서, 그들은 양식 진주를 가짜라고 치부해 맹렬하게 비난하며 배척했다. 그러나 겉보기에는 물론 성분까지 완전히 똑같아서 반으로 갈라보지 않으면 판별하기 어려울 정도였으므로, 당연히 양식 진주 쪽으로 인기가 옮겨갈 수밖에 없었다. 결국 로젠탈도 양식 진주 앞에 무릎을 꿇고 양식 진주를 가게에 진열하게 된다.

(여담이지만 최근 중국에서 만들어낸 인공 다이아몬드의 품질이 향상되어 이를 눈으로 구분하기 어려운 탓에, 전 세계 다이아몬드 시장의 70%를 독점하는 영국 드비어스사가 전문 감정사를 양성하는 학교를 개설했다는 뉴스가 있었다. 인공 다이아몬드 또한 성분과 구조 모두 천연 다이아몬드와 완전히 똑같으므로 완전히 '가짜'가 아니다. 역시 역사는 반복되는 듯하다.)

제2차 세계대전 후 일본은 양식 진주를 수출해 엄청난 외화를 벌어들였다. 이 매출액은 1954년에 27억 엔(약 270억원), 1960년에는 110억 엔(약 1,100억 원)에 달해, 전쟁으로 피폐해진 일본 경제 회복에 큰 역할을 했다. '몬메'(약 3.75g ―옮긴이)란 단위는 현재 일본에서 사용하지 않지만 진주의 무게를 잴 때는 아직도 국제 표준으로 사용한다. 양식 진주는 일본이 경제 대국으로 꽃을 피우도록 기반을 닦은 셈이다.

'바닷속 열대우림'의 위기

말 그대로 숨은 실력자로서 묵묵히 문명을 지탱해온 시멘트부터 전 세계가 쟁탈전을 벌인 고귀한 진주에 이르기까지, 탄산칼슘만큼 다채로운 얼굴을 지닌 재료도 드물다. 탄산칼슘을 일컬어 재료 세계의 천생 배우라고 한 이유다.

한편, 탄산칼슘은 오늘날 지구 환경이 맞이한 위기와도 밀접하게 관련되어 있다. 산호초는 작은 동물(!)인 산호가 만들어낸 탄산칼슘이 군체를 이룬 것이다. 겨우 수 밀리미터의 산호가 한데 모여 우주 공간에서도 보이는 그레이트 배리어 리프Great Barrier Reef 같은 거대한 산호초를 만들었다는 사실을 떠올리면, 자연의 힘이 얼마나 경이로운지 강하게 느낄 수 있다.

'바닷속 열대우림'이란 이름에 걸맞게 산호초에는 수많은 바다 생물이 산다. 산호초는 지구 표면적의 0.1% 정도에 지나지 않지만 전 세계 170만 종의 생물 중 9만 종이 이곳에 서식한다. 그야말로 생물 다양성의 보고寶庫로서 없어서는 안 되는 존재인 셈이다.

이 산호초가 현재 위기에 처해 있다. 바닷물 온도의 상승, 천적인 가시왕관불가사리의 증식, 대기 속 이산화탄소 증가에 따른 해양의 산성화 등으로 산호초가 급속도로 파괴되고 있다. 이미 전 세계 산호초의 20%가 파괴되었으며, 온전한 산호초는 30%밖에 되지 않는다는 보고도 있다. 산호초가 파괴되면 바다의 이산화탄소 흡수력이 약해져 지구온난화 속도 또한 빨라지리라는 예측까지 나왔다.

이산화탄소와 탄산칼슘 사이에 유지되어온 위태로운 균형이 지금 무너지려 하고 있다. 우리는 날마다 아무런 의식 없이 땅에 발을 디디며

살아가는데, 대체 무엇이 이 땅을 지탱하고 있는지 잠시 멈춰 서서 다시
한번 생각해보아야 하지 않을까.

제7장

제국을 자아낸
재료

비단
(피브로인)

인류 역사상 처음으로 유럽과 아시아,
두 대륙에 걸쳐 실크로드가 완성된 것은
세계사에서 매우 뜻깊은 사건이었다.
유럽 문명이 세계를 제패할 수 있었던 것은
비단 덕분이었다고 해도 과언이 아니다.

집집마다 귀하게 모신 '누에 님'

초등학교 시절, 사회 시간에 지도 기호를 암기했던 기억이 있다. 당시 어린아이였던 내가 의아하게 생각했던 점은 '뽕나무밭'이라는 기호였다. 우리 마을 주변에는 논과 밭, 숲, 산은 있어도 뽕나무밭은 없었고, 지도에서조차 이 기호를 거의 찾을 수 없었기 때문이다. 그런데도 일부러 전용 기호가 만들어진 까닭은 무엇일까?

제2차 세계대전 전의 일본 지도를 살펴보면 뽕나무밭 기호가 있는 것이 전혀 이상하지 않다. 쇼와시대(1926~1989) 초기에는 전체 밭 면적의 4분의 1이 뽕나무밭이었다. 그 무렵에는 일본 농가의 약 40%가 집에서 누에를 키웠다. 누에는 뽕잎을 먹고 자라므로 당연히 뽕나무를 대량으로 재배했고, 사람들은 누에의 먹이인 뽕나무밭을 신성한 공간으로 생각했다.

농가에서는 사람이 잠을 잘 공간을 줄여서까지 양잠을 위한 선반을 만들었으므로 집 안에는 누에가 뽕잎을 탐욕스럽게 갉아먹는 소리가 울려 퍼졌다고 한다. 이러한 까닭에 양잠은 일본 민가의 구조에도 큰 영향을 끼쳤다. 한 예로, 유네스코 세계유산에 등재된 기후현 히다 마을의 갓쇼즈쿠리合掌造り (갓쇼는 합장合掌이란 뜻으로, 지붕이 마치 합장을 하는 손같이 생겼다고 하여 이와 같은 이름이 붙었다. —옮긴이) 구조는 적설에 견디면서도 양잠을 위한 선반을 최대한 많이 만들려는 목적에서 3, 4층짜리 건물로 고안된 특수한 건축 양식이다.

누에는 알에서 부화해 고치를 만들기까지 30일쯤 걸린다. 농가에서는 그동안 온도와 습도를 관리하면서 누에를 대량으로 길렀다. 여하튼 비싼 값에 거래되는 누에고치는 농가의 귀중한 수입원이었으므로, '누에 님'이라 부를 만큼 농민들이 누에를 애지중지하며 키운 것도 어찌 보면 당연하다.

누에 유충의 성장 과정은 5령으로 나뉜다. 알에서 갓 부화한 유충은 까맣고 온몸에 드문드문 털이 나 있지만 머지않아 하얀 애벌레 모양으로 변한다. 5령기에 접어들면 약 일주일 동안 엄청난 양의 뽕잎을 먹어, 부화했을 때보다 몸무게가 무려 만 배에 이른다. 이윽고 몸이 금빛으로 투명해지면 유충은 적당한 구석을 찾아 기어 다니기 시작하고, 알맞은 장소를 찾으면 머리를 8자 모양으로 흔들면서 실을 토해 고치를 만든

○ 누에. 위에서부터 부화한 지 7일째
인 유충, 실을 토하는 5령기 유충,
고치

다. 누에 한 마리가 토해내는 실의 길이는 무려 최고 1,500m에 달한다.

공장에서는 이렇게 만들어진 고치를 선별해 질이 좋은 고치만 뜨거운 물에 삶는다. 이 작업의 목적은 두 가지다. 하나는 고치 안에 든 번데기를 죽여 고치를 뚫고 나오지 못하게 하기 위해서, 다른 하나는 고치실을 단단하게 고정하는 교질(콜로이드)을 녹여 실이 잘 풀리게 하기 위해서다. 고치 표면을 빗자루처럼 생긴 기구로 가볍게 쓸어내리면 실마리가 나오는데 이 실을 계속 감아나가면 생사生絲가 된다.

생사를 잿물 등의 알칼리성 물질과 함께 삶으면 우리가 잘 아는 새하얗고 매끄러운 명주실로 변한다. 수고로운 공정이지만 이렇게 얻은 명주실의 윤기와 감촉은 다른 어떤 섬유와도 비교가 되지 않는다.

비단은 신의 선물

비단과 일본인의 관계는 메이지시대에 접어들어 갑자기 시작된 것이 아니다. 일본에서 가장 오래된 문헌으로 신화, 전설 등이 실려 있는 《고지키》古事記에는 다음과 같이 누에의 기원 신화가 나온다.

스사노오미코토 신이 오곡의 신인 오게쓰히메 신에게 음식물을 요구하자 오게쓰히메는 코와 입, 그리고 엉덩이에서 온갖 맛있는 음식을 꺼내 스사노오미코토에게 내밀었다. 이 광경을 본 스사노오미코토는 더러운 음식을 주었다고 화를 내며 오게쓰히메를 살해해버렸다(기분은 이해하지만 꽤 난폭한 신이다). 죽은 오게쓰히메의 머리에서 누에가 생겨났고, 눈에서는 벼, 코에서는 팥, 귀에서는 밤, 음부에서는 보리, 그리고 엉덩이에서는 콩이 생겨났다고 한다.

일본에서 가장 오래된 역사책인 《니혼쇼키》日本書紀에도 등장인물은 다르지만 내용이 비슷한 신화가 실려 있다. 흥미로운 점은 어느 책에서나 중요한 작물과 함께 누에가 등장하는데 반드시 신의 머리에서 생겨난다는 점이다. 신화시대부터 이미 누에를 오곡과 어깨를 견줄 만큼, 혹은 그 이상으로 누에를 중요하게 여겨 신성시했다는 사실을 엿볼 수 있다.

중국에도 중화 민족의 시조로 여기는 신, 복희씨가 누에고치에서 명주실을 뽑아 직물을 짜는 기술을 사람들에게 가르쳐주었다는 신화가 남아 있다. 저장성 유적에서 출토된 약 4,700년 전의 비단은 그 당시 이미 고도의 제사製絲(고치나 솜으로 실을 만드는 일), 직조 기술이 있었다는 사실을 말해준다. 인류가 비단을 이용하기 시작한 때는 약 만 년 전이란 설도 있다.

비단과 인간이 밀접한 관계가 있다는 것은 한자에도 잘 나타나 있다. 예를 들면 '서'緖는 누에에서 처음으로 뽑아낸 실의 끝부분, 즉 '실마리'를 의미한다. '기'紀라는 글자도 실마리를 발견해낸다는 의미에서 출발하여 점차 '순서를 세우다', '조리 있게 이야기하다'로 그 뜻이 확장되어 갔다. '순'純은 원래 불순물이 섞이지 않은 비단의 생사를 의미하는 글자였고, '소'素는 물들이지 않은 하얀 명주실을 가리키는 글자였다. '연'練은 본래 '생사를 누이다', 즉 생사를 잘 삶아 하얗고 부드럽게 만드는 작업을 의미했는데 점차 '단련하다'란 뜻으로 바뀌었다. 어느 글자나 명주실과 관련된 의미에서 출발해 점차 그 뜻이 확장되어갔다(단, 이와 같은 글자의 어원에는 다른 의견도 있다). 명주실은 고대인들과 이만큼이나 밀접한 관계였다.

정교함의 끝판왕, 피브로인

갖가지 뛰어난 합성섬유를 싼값에 구할 수 있는 오늘날에도 비단은 변함없이 동경의 대상이다. 보드라운 촉감과 반들반들한 광택은 물론이거니와 오랜 기간 사용해도 될 만큼 튼튼하고, 염료를 사용해 다양한 색조로 물들이면 아름다운 직물이 탄생한다.

비단의 주성분은 피브로인이라는 이름의 단백질이다. 단백질은 우리 몸에서 상당히 중요한 역할을 하는 화합물 덩어리로, 아미노산이 한 줄로 길게 연결된 형태인데, 이 같은 사실은 비단을 연구하면서 밝혀졌다. 20세기 초반, 독일의 화학자 에밀 피셔Emil Fischer가 피브로인의 분해물 속에서 각종 아미노산을 발견한 것이다. 이처럼 비단은 생화학 연구사에서도 중요한 역할을 했다.

앞에서 설명했듯이 명주실은 매우 튼튼하고 오래간다. 그러나 이는 사실 매우 불가사의한 성질이다. 단백질은 부패하기 쉬운 대표 물질이기 때문이다. 마찬가지로 단백질이 주성분인 동물의 고깃덩어리를 무더

| 글리신 | 세리신 | 글리신 | 알라닌 | 글리신 | 알라닌 |

○ 피브로인의 구조

운 여름날 밖에 내놓으면, 겨우 몇 시간 만에 세균이 번식해 결국에는 흐물흐물해진다. 세균이 방출하는 소화효소가 단백질을 아미노산 단위로 분해하여 최종적으로 단백질이 이산화탄소와 물로 환원되는 까닭이다.

하지만 비단은 고깃덩어리와 달리 분해되지 않으며, 수천 년이나 되는 세월에도 견딘다. 이는 피브로인을 구성하는 아미노산 사슬이 베타 시트β-sheet나 베타 턴β-turn이라 불리는 접힌 구조를 많이 포함하는 덕분이다. 이 구조는 풀기 힘들 뿐 아니라 소화효소의 공격에도 강하다고 한다. 최근 들어 명주실에 트립신 억제제Trypsin Inhibitor란 단백질이 포함되어 있다는 사실이 밝혀졌다. 트립신 억제제는 소화효소의 일종인 트립신과 결합해 트립신의 작용을 방해한다. 아마도 외부에서 들어온 적인 소화효소로부터 명주실을 지키는 역할을 담당하는 듯하다. 말하자면 비단은 천연 방부제를 가진 셈이다.

누에의 체내에서 걸쭉한 액체 상태인 피브로인은 누에가 입으로 토해낼 때 가늘고 길게 당겨져서 베타 시트 등이 풍부한 구조로 변한다고 추측된다. 액체 상태가 순식간에 질긴 섬유로 변하는 셈이니 꽤 불가사의하다. 다른 여러 단백질에서는 이와 같은 현상이 나타나지 않는다. 이렇게 질긴 피브로인 섬유가 하나로 합쳐진 명주실은 같은 굵기의 철사보다 끊기 힘들 만큼 매우 튼튼하다.

누에가 갓 토해낸 실을 살펴보면 피브로인 둘레를 세리신이라는 단백질이 감싸고 있다. 세리신은 고치실끼리 붙게 해 고치의 형태를 유지하는 작용을 한다. 고치에서 실을 뽑아내기 전에 푹 삶는 이유는 세리신을 녹여 고치를 쉽게 뽑아내기 위해서다.

세리신을 제거하면 섬유 내부에는 수없이 많은 빈틈이 생긴다. 이 틈으로 습기가 들어가기 때문에 비단은 흡습성이 뛰어나며, 포함된 공기가 열을 차단해주므로 보온성도 좋다. 비단이 아름답게 물드는 이유 또한 내부 공간에 염료가 들어가는 덕분이다. 게다가 비단 섬유는 삼각형 모양의 다발을 이루고 있는 피브로인이 빛을 굴절·반사해 아름답게 빛난다. 이렇듯 단순한 아미노산의 조합이면서도 명주실은 소름 끼칠 만큼 정교하게 만들어진 구조물이다.

인류 최초의 동서양 교역로, 실크로드

이 멋진 섬유는 당연히 고대인의 마음을 사로잡았다. 중국의 전한시대에는 고도의 비단 제조 기술이 확립되었고, 이 기술은 이민족과의 교역에서 매우 귀한 대접을 받았다. 이런 까닭에 중국은 비단 제조법을 엄

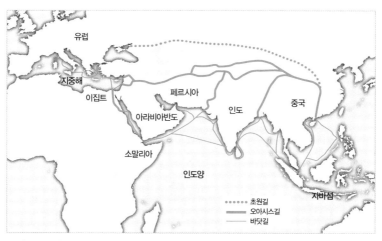

유럽
지중해
이집트
페르시아
인도
중국
아라비아반도
소말리아
인도양
자바섬

······ 초원길
━━━ 오아시스길
─── 바닷길

○ 실크로드의 주요 경로

밀히 관리했다. 귀중한 비단은 여러 상인의 손을 거쳐 마침내 머나먼 로마에까지 전해졌다.

로마로 건너간 비단은 큰 인기를 끌었다. 같은 무게의 금과 똑같은 값에 거래될 만큼 비단값이 급등한 탓에 로마의 초대 황제 아우구스투스가 비단 착용 금지령을 내렸을 정도다.

4세기 초, 디오클레티아누스 황제 시대에 보리 1모디우스(약 9L)의 가격은 100디나리우스(고대 로마의 은화―편집자)였지만 300g 정도 되는 흰 비단은 1만 2,000디나리우스였다. 비단의 거부하기 힘든 매력 때문에 로마에서는 금이 다량으로 빠져나갔고, 이는 로마제국의 경제를 약하게 만드는 데 한몫했다.

중국과 로마를 이었던 교역로가 바로 실크로드(비단길)다. 실크로드라고 하면 흔히 중앙아시아를 지나 서쪽으로 향하는 '오아시스길'을 떠올리지만 실제로는 카자흐스탄 일대의 초원지대를 빠져나가는 '초원길', 동중국해에서 인도양을 거쳐 아라비아반도로 향하는 '바닷길'도 중요한 역할을 했다.

인류 역사상 처음으로 유럽과 아시아 두 대륙에 걸친 교역로가 완성된 셈인데, 이는 매우 뜻깊은 사건이었다. 《총, 균, 쇠》의 저자 재레드 다이아몬드는 사람과 물자 간의 활발한 동서 교류가 수많은 발명과 문명의 발전을 촉진했고, 그 결과 유럽 문명이 세계를 제패하게 되었다고 말했다.

비단은 동서 무역에서 통화 역할을 했다. 비단은 누구나 원하는 데다 가벼워서 운반하기도 편했으므로, 필요한 양만큼 거래할 수 있었다. 즉, 비단은 통화의 필요조건을 충족했다. 이러한 측면에서 보아도 비단은 동서 교류에 크게 이바지한 셈이다.

비단은 일본에서도 통화 역할을 했다. 다이카개신(7세기 중엽 일본에서 중국의 율령제를 본떠 왕을 정점으로 한 중앙집권적 정치 체제를 구축하고자 시행한 정치 개혁—옮긴이) 때 세제가 개혁되어 백성은 의무적으로 비단을 비롯한 베붙이를 세금의 일부로 내야 했다[조용조租庸調의 '조'調(조용조는 당나라의 조세 체계로, 조는 콩, 쌀 등의 곡물, 용은 군역이나 노역 등의 인력, 조는 각 지역의 특산물이란 뜻—옮긴이)]. 또 절에 바치거나 공적을 세운 인물에게 포상을 내릴 때도 비단을 많이 사용했다.

서유럽 국가들에서 향신료 수요가 증가함에 따라 대항해시대(15~16세기)가 도래했으므로, 향신료가 역사를 크게 움직인 원동력이 되었다는 사실은 누구나 다 안다. 하지만 이렇게 보면 비단 또한 향신료에 뒤지지 않을 만큼 역사를 뒤흔든 힘이라고 할 수 있지 않을까.

실크로 지은 제국

일본 헤이안시대(794~1185) 때는 비단으로 지은 다채로운 색감의 의복이 인기를 끌어 귀족들의 생활을 화려하게 물들였다. 그러나 가마쿠라시대(1185~1333)로 접어들어 사무라이가 세상을 지배하게 되자 검소한 복장을 선호하게 되면서 비단 문화의 기세는 한풀 꺾인다. 에도시대 때도 비단은 종종 검약령儉約令의 대상이 된 탓에 서민들은 좀처럼 비단을 손에 넣기 어려웠다.

그렇다고 해도 비단의 수요는 끊이질 않았고, 생사를 주로 중국에서 수입하게 되면서 일본은 그 대가로 강철을 대량으로 유출했다. 이러한 까닭에 막부는 일본 내에 양잠을 장려하는 정책을 폈으며, 에도시대 말기에는 제사의 기계화를 추진했다.

양잠 사업은 메이지시대 이후 단숨에 주목받게 된다. 막부 말기, 중국에서 태평천국의 난(1851~1864)이 일어나 청나라의 양잠업이 큰 타격을 입은 데다 프랑스와 이탈리아 등에서 누에 전염병이 유행하면서 생사 수출량이 큰 폭으로 증가한 까닭이다. 그러자 메이지 정부는 1872년 프랑스에서 기술자를 초빙해 관영 제사장(고치 따위에서 실을 뽑아내는 곳—옮긴이)을 설립하기로 한다. 이때 활약한 사람이 시부사와 에이치渋沢栄一란 인물이다. 시부사와는 막부 말기에 프랑스로 가서 최신 제사 공장을 두 눈으로 직접 보았다. 당시 일본 정부에는 양잠을 잘 아는 사람이 없었으므로, 제사장 건설부터 수출 누에 종의 규제, 양잠 장려 등의 각종 업무를 시부사와가 홀로 담당했다.

일본 군마현의 도미오카시는 예전부터 누에고치의 대규모 집적지였던 덕분에, 그는 넓은 토지를 확보할 수 있었다. 그는 이곳에 기계 제사장을 세워 식산흥업정책(메이지 정부가 추진한 신산업 육성 정책—옮긴이)의 기둥으로 삼기로 했다. 이리하여 도미오카 제사상이 만들어진다.

시부사와는 그 후 제1국립은행(지금의 미즈호은행)과 도쿄 증권거래소를 비롯한 500개가 넘는 기업의 설립에 관여해 '일본 자본주의의 아버지'라 불렸다. 이 업적들이 너무나도 훌륭한 나머지 도미오카 제사장의 기초를 닦은 일은 그다지 언급되지 않지만 이 또한 시부사와의 중요한 공적 중 하나다.

제사 공장에서 만들어진 생사는 대규모로 수출되었고, 제사업은 점차 일본의 기간산업이 되었다. 1922년에는 일본 총 수출액의 48.9%를 생사가 차지할 정도였다. 이렇게 얻은 외화로 일본은 공업화와 부국강병 정책을 추진함으로써 메이지유신(19세기 후반 에도 막부를 무너뜨리고 중앙집권 통일국가를 이루어 자본주의 형성의 기점이 된 변혁 과정—편집자)이 일어난 지 겨우 수십 년 만에 열강과 어깨를 나란히 하는 국가로 발돋움했다. 그 원동력은 오직 한 종류의 곤충 유충이 토해내는 가느다란 실이었다.

관련 기술 또한 여러 차례 개량되었다. 한 예로, 1906년에는 동물학자 도야마 가메타로外山龜太郎가 교잡종을 이용해야 한다고 주장했다. 도야마는 일본산 누에와 외국산 누에의 교배로 탄생한 잡종 누에가 순종보다 강하고 명주실 생산량도 많다는 사실을 알아냈다. 오늘날에는 농업·축산 분야에서 하이브리드 종을 이용하는 일이 당연한데, 그 계기는 도야마의 발견 덕분이었다.

이후에도 계속 누에의 품종이 개량되어 생산성은 현저히 높아졌다. 20세기로 막 접어들 무렵에는 생사 60kg을 생산해내는 데 필요한 고치 수가 약 184만 개였지만, 약 80년 후에는 겨우 19만 개로 줄었다. 계산해보면 누에 한 마리당 생사 생산량이 10배 가까이 늘어난 셈이다.

그 대신 누에는 야생에서 살아갈 능력을 완전히 잃어버렸다. 유충은 자력으로 나무줄기에 계속 붙어 있지 못하고, 성충은 하늘을 날지 못한다. 오늘날 누에는 섭취한 단백질의 60~70%를 명주실로 변환하는 초고효율 제사 기계로 바뀌었다. 누에는 여러 가축 중에서 야생으로 돌아갈 능력을 완전히 잃은 유일한 생물이라고 한다.

거대 산업으로 변모한 제사 사업은 갖가지 병폐를 일으켰다. 도미오카 제사장은 선진적 노동 환경으로 알려졌으나, 다른 수많은 제사 공장에서는 여성들이 열악한 환경에서 노동을 강요받았으므로, 많은 사람이 결핵 등으로 목숨을 잃었다.

당시 신문 기사에 따르면 여공 천 명 중 열세 명이 사망했다고 하지만 실제로는 결핵으로 사망하기 전에 고향으로 보내져 그곳에서 눈을 감은 사람도 많았다. 이러한 까닭에 결핵이 각지로 퍼져, 결핵은 그야말로 일본인의 국민병이 되었다. 일본이 근대화를 위해 치른 뼈아픈 대가였다.

제2차 세계대전 후에는 화학자들이 비단의 대용품으로 나일론이나 폴리에스터 같은 우수한 합성섬유를 잇달아 만들어냈다. 감촉과 눈으로 본 느낌은 비단에 약간 못 미치지만 값이 싸고 보온성과 염색성까지 뛰어난 합성섬유는 오랜 기간 왕좌에 군림해온 비단을 손쉽게 시장에서 밀어냈다. 오랫동안 인류와 함께해 온 비단이란 재료의 자리를 기술이 빼앗아버린 셈이나, 생사 제조에 동반되는 가혹한 노동으로부터 사람들을 자유롭게 해준 기술의 공적도 부정하기 어렵다.

하이테크 실크의 시대

메이지시대에 일본 경제를 지탱했던 도미오카 제사장은 2014년에 유네스코 세계 유산으로 등재되면서 역사의 한 페이지를 장식했다. 일본에서는 뽕나무밭의 지도 기호가 2013년에 폐지되어 교과서에서 모습을 감추었다. 비단을 일상생활에서 볼 기회도 줄어들어 젊은 세대 중에는 비단 제품을 만져본 적이 없는 사람도 많아졌다.

이제 비단은 현대의 기술과도 활발히 융합하고 있다. 대표적 재료가

'스파이더 실크'라 불리는 섬유다. 거미는 누에나방처럼 단백질성 실을 토해내는 벌레로 잘 알려져 있다. 실의 강도는 방탄조끼에 사용하는 케블라 섬유의 세 배로, 신축성 또한 높다.

하지만 누에의 실인 비단과 달리 거미의 실은 실용화되지 못했다. 누에나방과 비교해서 거미 한 마리가 만드는 실의 양이 적고, 거미는 동족끼리 서로 잡아먹기 때문에 대량으로 양식할 수 없는 탓이다.

그리하여 누에나방에 거미 유전자를 이식해 명주실 대신 거미줄을 만들게 하는 연구가 추진 중이다. 이 섬유가 바로 스파이더 실크다. 상당히 질기고 가벼울 뿐 아니라 알레르기 등도 일으키지 않으므로, 군사에서 재생 의료에 이르기까지 폭넓은 분야에 응용할 수 있으리란 기대를 한 몸에 받고 있다.

2016년, 중국 칭화대학 연구팀은 꿈의 탄소 재료라 불리는 탄소 나노튜브나 그래핀을 물에 풀어 뽕잎에 뿌린 다음, 이것을 누에에게 먹이는 실험을 했다. 이렇게 만들어진 명주실은 강도가 매우 높았고, 고온으로 처리할 경우 전기를 통과시켰다고 한다. 솔직히 말해서 이 연구 결과를 갑작스럽게 믿기는 어렵지만 이처럼 연구를 통해 전통 재료인 비단에서 새로운 가능성을 끄집어내는 일은 충분히 있을 법하다.

출구 없는 매력으로 역사를 움직여 온 비단이란 재료에 오늘날 또다시 새로운 측면이 더해지려 하고 있다. 인류와 함께 수천 년을 걸어온 비단이 백 년, 천 년 후에 어떤 존재가 되어 있을지 상상해보아도 재미있지 않을까.

제8장

세계를 축소한 물질

고무
(폴리아이소프렌)

고무가 발견되지 않았다면
호날두는 탄생할 수 없었다.
타이어가 개발되지 않았다면
미국은 세계 제일의 강대국이 될 수 없었다.
이것이 고무가 가진 힘이다.

'목숨'보다 '감동'인가?

　미국의 경제 잡지 《포브스》가 2017년에 발표한 스포츠 선수 부자 순위에 따르면, 전 세계에서 가장 많은 수입을 올린 운동선수는 축구 선수 크리스티아누 호날두(포르투갈)로, 그의 연간 수입은 9,300만 달러에 달한다고 한다(연봉과 광고 계약료의 합계). 그 뒤로 농구선수 르브론 제임스(미국) 8,620만 달러, 축구선수 리오넬 메시(아르헨티나) 8,000만 달러, 테니스선수 로저 페더러(스위스) 6,400만 달러가 이어진다. 일본의 운동선수 중에서도 세계를 무대로 활약하는 선수가 있지만 역시 메이저 스포츠의 최고 선수와는 비교가 되지 않는다.

　나는 직업상 뛰어난 연구자들을 많이 만난다. 그중에는 획기적인 의

약품을 발명한 사람, 차세대 에너지의 주축이 되리라 예상되는 태양 전지를 만들어낸 사람도 있다. 하지만 그들은 경제적으로 커다란 성공을 거두지 못했다. 생각해보면 인류를 구하고 세계를 풍요롭게 만든 발견을 한 사람보다 공을 잘 치거나 차는 사람 쪽이 훨씬 막대한 돈과 명예를 손에 넣는 현실은 불가사의하다. 인간이란 동물은 목숨보다 감동에 더 많은 돈을 내는 생물이란 뜻일까.

나도 스포츠를 좋아하는 한 사람으로서, 세계 최고 선수가 거액의 보수를 받는 것을 비난할 마음은 없다. 부단한 노력 끝에 위기를 극복하고 사람들에게 내일을 살아갈 힘을 주는 셈이니, 합당하게 평가받아야 마땅하다고 생각한다. 단지 인류에 큰 공헌을 한 연구자들에게도 최고 선수와 비슷한 수준의 어떤 보상이 있어도 좋지 않을까 생각한다.

구기 종목이 탄생한 시대

방금 이야기한 스포츠 선수 수입 상위 100명 중 구기 종목 선수는 90명으로 압도적 다수를 차지했다. 유치원생 아이들만 보아도 공놀이를 매우 좋아해서, 공 하나를 쫓아다니며 몇 시간 동안 논다. 공을 목표로 달리고, 차고, 던지고, 넘기는 동작에는 아주 오래전, 사냥에 몰두했던 우리의 잠든 본능을 자극하는 무언가가 있는 듯하다. 공이 없다면 이 세계는 분명 꽤 적막한 곳이 되었으리라.

◦ 1872년 잉글랜드 대 스코틀랜
드의 축구 시합을 그린 만화

　이처럼 세상을 열광하게 하는 공놀이, 즉 구기의 기원을 조사해보면
19세기 후반에 만들어진 종목이 많다는 사실을 알 수 있다. 물론 각각
의 원형이 되는 경기는 훨씬 예전부터 있었지만 많은 경기가 이 시기에
규칙이 정비되고 조직화하면서 인기를 끌었다.

　축구를 예로 들면, 공을 차는 경기는 예부터 세계 각지에 있었다. 동
아시아의 축국도 그중 하나다. 근대적 축구는 1863년 10월 26일 런던에
서 탄생했다. 이때까지 풋볼이란 경기는 학교나 반마다 규칙이 달라 대
항전을 하기 어려웠다. 이러한 까닭에 이날 클럽 대표자들이 선술집에

모여 손으로 공을 잡으면 안 된다는 규칙의 축구와 잡아도 좋다는 럭비로 풋볼을 분리하기로 했다. 전자는 풋볼협회를 결성하여 축구가 세계 최대의 스포츠로 발전하는 커다란 계기를 마련했다.

골프 역시 원형이 되는 경기는 이미 15세기에 있었지만 브리티시 오픈이 시작된 때는 1860년, 폭발적으로 인기를 끌기 시작한 때는 1880년대다. 테니스 역시 라켓으로 공을 쳐서 넘기는 경기 자체는 이전부터 있었으나, 근대적 테니스는 1873년에 영국의 군인 월터 크로프톤 윙필드Walter Clopton Wingfield 소령이 고안해냈다. 1877년에는 오늘날까지 이어지는 윔블던 선수권이 시작되었다.

처음으로 야구 시합이 열린 때는 1846년이지만 투구는 언더스로Under throw뿐이었고, 타자가 치기 쉬운 코스를 지정하면 투수는 그대로 던져야 하는 등 오늘날 우리가 떠올리는 야구의 모습과는 상당히 달랐다. 그 후 서서히 규칙이 개정되면서 점차 현대 야구와 비슷해졌고, 1876년에는 메이저리그가 시작되었다.

어째서 이 시대에 구기 종목이 크게 발전한 것일까? 공업화가 이루어지면서 중산 계급이 증가했기 때문이기도 하지만 훨씬 큰 이유는 질 좋은 고무가 보급된 덕분이다.

고무가 등장하기 전에는 축구를 할 때 동물의 방광을 부풀려 공으로 사용했다. 쉽게 상상하듯이 이 공은 당연히 반발력이 약하고 튼튼하지도 않았으며, 크기와 튀는 방향 또한 일정하지 않았다.

반면, 고무주머니에 공기를 넣어 만든 공은 탄력도 현저히 다르고 튼튼하다. 균일한 공을 대량으로 생산할 수도 있다. 훨씬 더 높이 튀어 오르는 공을 우르르 쫓아가 발로 뻥 차는, 여태껏 느껴보지 못한 쾌감은 많은 사람을 사로잡았을 것이다.

이와 같은 사정은 비단 축구뿐 아니라 다른 구기 종목에서도 엿볼 수 있다. 초기에는 골프공을 나무로 만들었지만, 19세기 중반 무렵 '구타페르카'gutta-percha란 수지로 만든 단단한 공이 등장한다. 게다가 구타페르카로 만든 심에 고무줄을 감은 후 표면을 다시 구타페르카로 덮은 공이 고안되면서, 공의 비거리와 내구성이 크게 향상되었다. 오늘날 골프공은 다양한 강도의 고무가 층을 이룬, 고무 기술의 집대성이라 해도 손색이 없다.

공의 형태와 내구성이 균일해지고 대량생산이 가능해지면서 통일된 규칙으로 대규모 구기 대회를 열 수 있게 되어 경기는 더욱더 빠른 속도로 보급되고 발전했다. 1896년에 시작된 근대 올림픽 역시 이 같은 흐름 속에서 탄생했다.

그런데 고무가 유럽으로 건너간 때는 15세기다. 고무공을 사용하는 구기가 400년이 지나서야 꽃을 피운 까닭은 무엇일까? 사실 오랫동안 고무는 오늘날처럼 다루기 쉬운 재료가 아니었다. 현재 우리가 아는 고무가 만들어지기까지는 커다란 돌파구가 필요했다.

고무를 만드는 식물

천연고무는 미세한 고무 입자가 섞인 희고 걸쭉한 상태의 수액(라텍스)을 공기 중에서 굳힌 것이다. 라텍스를 만드는 식물에는 몇 가지가 있는데, 민들레도 그중 하나다. 멕시코에는 사포딜라란 나무가 있어 주민들은 사포딜라 수액에서 얻은 '치클'chicle을 씹는 습관이 있었다. 이것이 바로 껌의 기원이라고 한다.

라텍스 공급원으로 가장 뛰어난 식물은 고무나무다. 고무나무에서는 라텍스가 많이 나올 뿐 아니라 고무나무의 라텍스로 만든 고무는 탄력성 또한 높다. 더군다나 고무나무 줄기에 상처를 냈을 때 뚝뚝 떨어지는 수액을 모아 말리기만 해도 간단히 고무를 얻을 수 있다. 예부터 멕시코 사람들은 이 수액으로 만든 공으로 놀이를 즐겼는데, 현재 전용 경기장까지 남아 있다.

이 게임은 오늘날까지 '후에고 데 펠로타'juego de pelota란 이름으로 이어져 오고 있다. 속까지 꽉 채운 단단하고 무거운 고무공을 보호구를 착용한 엉덩

○ 고무나무에서 라텍스를 채취하는 모습

이로 쳐서 약 7m 높이의 링을 통과하게 한 팀이 승리하는 게임이다. 재미있는 놀이 같지만 부족 간에 대립이 일어났을 때 전쟁 대신 이 경기로 승부를 냈다고 한다. 이처럼 고무공은 평화를 유지하는 데도 필수적이었다.

고무가 늘어나는 까닭

고무의 특징은 월등한 신축성이다. 다른 재료에 없는 이 특성은 고무의 분자 구조에서 비롯한다.

고무는 탄소와 수소로 이루어져 있고, 그 비율이 5:8이란 사실을 밝혀낸 사람은 자석 편에도 등장할 마이클 패러데이Michael Faraday다. 오늘날 고무는 아이소프렌C5H8이란 분자가 길게 일직선으로 연결된 구조로 폴리아이소프렌이라고도 알려져 있다.

아이소프렌이란 분자는 중요한 단위 구조로, 자연계의 많은 화합물이 아이소프렌을 기초로 형성된다. 감귤류의 향기 성분인 리모넨과 박하의 향기 성분인 멘톨은 두 개, 장미의 향기 성분인 파네졸은 세 개, 당근의 색소인 카로틴은 여덟 개의 아이소프렌 단위를 토대로 구성된다. 고무는 이 아이소프렌 단위가 끝없이 길게 이어져 있다. 귤 향기와 고무는 언뜻 전혀 달라 보이지만 분자 수준에서 보면 상당히 가까운 친척뻘이다.

◦ 아이소프렌의 구조

◦ 폴리아이소프렌의 구조

　이 같은 사실을 실감할 수 있는 실험이 있다. 부풀어 오른 고무풍선에 귤껍질의 즙을 뿌리면 잠시 후에 풍선이 터져버린다. 비슷한 분자끼리는 한데 섞이기 쉬우므로 껍질에 함유된 리모넨 등이 고무 성분을 녹여 풍선 막을 약하게 만듦으로써 풍선이 터져버리는 것이다.

　아이소프렌 단위에는 탄소끼리 이중결합으로 연결된 장소가 있다. 이중결합은 다른 결합과 달리 회전할 수 없으며, 분자 사슬의 움직임을 제한한다. 긴 사슬에 규칙적으로 나타나는 이중결합 때문에 고무는 분자 전체가 꼬불꼬불한 실처럼 보인다. 이것을 잡아당기면 꼬불꼬불한 부분이 펴지고, 손을 떼면 다시 꼬불꼬불한 형태로 돌아간다. 고무가 지닌 신축성의 비밀은 바로 여기에 있다. 즉, 고무는 나노 크기의 용수철 같은 구조로 되어 있고, 이 용수철이 늘어나고 줄어든다고 생각하면 이해하기 쉽다.

고무, 바다를 건너다

고무를 유럽에 전해준 사람 역시 콜럼버스의 함대였다. 콜럼버스는 제2차 항해(1493~1496)에서 히스파니올라섬(지금의 아이티 및 도미니카 공화국)을 방문했을 때, 주민들이 고무공으로 즐겁게 경기하는 장면을 목격했다. 유럽인과 고무가 처음으로 만난 순간이다. 이후 콜럼버스에 이어 다른 탐험가들도 몇 번인가 고무를 유럽에 가져갔지만 단순히 신대륙에서 온 진귀한 물품이었을 뿐 고무의 실용적 용도를 찾아내지 못했다. 이 당시의 고무로 말하자면, 겨울에는 단단해지고 여름에는 녹아서 찐득찐득해지는 이상한 물건이었다.

고무의 용도를 찾아낸 사람은 영국의 자연철학자 조지프 프리스틀리_{Joseph Priestley}였다. 이때까지는 연필로 쓴 글씨를 눅눅한 빵으로 지웠는데, 프리스틀리가 고무 덩어리로 문지르면 더 깨끗하게 지워진다는 사실을 발견한 것이다. 고무의 영어 이름 'rubber'는 '문지르는 것'이란 뜻으로 프리스틀리가 붙인 이름이다.

그는 정치철학부터 신학, 물리학 등 폭넓은 범위에서 업적을 남긴 위대한 학자로 널리 알려져 있다. 화학자로서는 산소와 암모니아, 탄산수 등을 발견한 업적으로 유명하고, 미국화학회 최고상인 프리스틀리 메달에까지 자신의 이름을 남겼을 만큼 대단한 인물이다. 지우개 발명에까지 손길이 미쳤다는 점은 놀랍지만 다른 관점에서 보면 프리스틀리 같은 석학이 연구했는데도 당시에는 고작 지우개 정도의 용도밖에 찾아내지 못한 셈이다. 고무가 널리 사용되기까지는 큰 돌파구가 필요했다.

가황법을 발견한 굿이어 이야기

1823년에는 화학자들이 물과 공기가 통과하지 못하는 고무의 특성을 활용해 새로운 용도를 많이 개발해낸다. 스코틀랜드의 화학자 찰스 매킨토시Charles Macintosh는 고무로 코팅한 우비를 만드는 데 성공했다. 이후 '매킨토시' 혹은 '맥'은 영국에서 우비의 대명사가 되었다. 비틀스의 명곡 〈페니 레인〉penny lane에도 비 오는 날 맥을 입지 않아 아이들에게 웃음거리가 된 은행가가 등장한다. 지금은 매킨토시라고 하면 대부분 애플사의 컴퓨터를 떠올리겠지만 우비 브랜드 매킨토시Mackintosh(컴퓨터와 달리 'k'가 들어간다)도 전통 제조법을 지키며 끈질긴 인기를 자랑한다.

이로써 고무는 흔하게 볼 수 있는 물질이 되었다. 그러나 겨울에는 딱딱해지고 여름에는 끈적거려 불쾌한 냄새를 풍긴다는 단점은 여전했다. 이 단점을 해결하고자 한 사람이 미국의 발명가 찰스 굿이어Charles Goodyear다. 그는 고무가 습기 때문에 녹으므로, 말린 가루를 섞으면 이 문제를 극복할 수 있으리라 생각했다.

굿이어는 고무에 산화마그네슘이나 석회 등 여러 가지 가루를 섞는 실험을 반복했지만, 고무가 녹는 현상을 막지 못했다. 출자자가 손을 뗀 탓에 경제적으로 궁핍했고 실험 탓에 건강이 나빠졌는데도 그는 절대 포기하지 않았다. 돈을 갚지 못해 수차례 감옥에 갇혔고 빈곤으로 아이를 잃으면서까지 실험을 계속했다고 하니, 굿이어의 고무에 대한 집착은 분명 정상이 아니었다.

굿이어의 무시무시한 집념에 마침내 운명의 여신은 그에게 미소를 보낸다. 실험을 시작한 지 5년째인 1839년, 고무에 유황을 섞어 가열하면 내열성이 생긴다는 사실을 발견해낸 것이다. 그는 즉시 특허를 냈고 1842년에 고무공장을 세웠다.

나는 이 이야기를 들었을 때, 이 회사가 오늘날 세계 굴지의 타이어 제조 회사인 굿이어고, 그가 그동안의 고생을 보상받아 갑부가 되었다고 섣불리 결론지었다. 하지만 실제로는 가황법이라는 획기적 발명을 했음에도 그는 사업가로서 전혀 성공하지 못했다. 오늘날의 타이어 제조 회사 굿이어가 설립된 때는 가황법이 발명된 지 반세기도 더 지난 1898년으로, 사명을 찰스 굿이어의 이름에서 따왔을 뿐 그와 직접적인 자본 관계는 없다.

여기저기에서 굿이어가 낸 가황법 특허를 침해한 탓에, 굿이어는 여러 건의 재판을 치르는 처지가 되었다. 영국에서는 특허를 다른 사람에게 고스란히 빼앗기기도 했다. 굿이어가 특허를 팔기 위해 제조법을 밝히지 않고 샘플을 보냈는데, 샘플을 받은 고무 회사에서 샘플을 분석하여 표면에 유황이 미세하게 달라붙어 있다는 사실을 발견한 것이다. 이 회사는 당장 가황법 특허를 신청했고, 결국 회사가 낸 특허가 통과되었다. 결국 굿이어는 거액의 빚을 떠안은 채 자신의 발명이 세상을 바꾸는 모습을 보지 못하고 1860년에 세상을 떠났다. 자신의 이름을 새긴 타이어가 세계 구석구석을 누빈다는 사실이 그나마 그에게 위로가 될까.

분자를 잇는 다리

유황을 섞어서 가열하기만 해도 여태껏 온도 변화에 약했던 고무는 상당히 안정한 물질로 변한다. 이는 '가교'라는 화학반응이 일어난 결과다.

앞에서 고무 분자는 긴 사슬 형태로, 군데군데 이중결합을 포함한다고 설명했다. 유황은 이 이중결합과 반응하는 특수한 물질로, 가열하면 이중결합과 결합해 사슬 사이에 마치 다리를 놓듯 서로를 연결한다.

식물에서 채집한 고무는 단지 긴 분자 사슬들이 약한 힘으로 서로를 끌어당기는 상태이기 때문에, 온도가 올라가면 분자가 격렬하게 움직여서 녹아버린다. 하지만 유황으로 분자끼리 연결하면 구조가 견고해지므로 열에 강해진다. 가황법의 비밀은 바로 여기에 있다.

가교로 인해 분자 전체가 하나로 연결되면서 고무는 잘 갈라지지 않을 뿐 아니라 길게 늘여도 원래 상태로 쉽게 되돌아간다. 게다가 유황을 많이 넣을수록 가교 또한 많이 생기므로 고무가 더욱더 단단해진다.

고무를 대대적으로 개량하면서 용도는 단숨에 늘어났다. 1866년에 프랑스에서 개발된 샤스포 소총이 대표적 예다. 고무링으로 밀폐해 총알 발사 시 가스가 새는 현상을 막자 이전의 총보다 사정거리가 두 배나

○ 가교(합성 고분자용제나 전자파, 열 등에 대해 안정성을 확보하는 화학 변화) 모식도

늘었다. 샤스포 소총은 프로이센-프랑스 전쟁(1870~1871)과 파리코뮌(파리 시민과 노동자들의 봉기로 수립된 자치정부—옮긴이) 진압 때 활약하기도 했다.

이처럼 가황고무는 탄생하자마자 역사를 움직였다. 그리고 고무의 등장으로 속도결정단계를 뛰어넘은 분야는 비단 구기와 총기만이 아니었다.

고무가 없는 시대는 상상할 수 없다

흔히 바퀴를 인류의 위대한 발명품이라고 한다. 인류의 발명품은 대부분 자연계의 생물에서 그 원리를 터득한 것이지만 바퀴만은 완전히 독창적 작품이다. 확실히 자연계의 수백만 종이나 되는 동물 중 바퀴로 이동하는 동물은 보기 힘들다. 굳이 꼽자면 편모라는 긴 꼬리를 회전시켜서 헤엄치는 세균이 있지만 이 세균의 편모는 스크루_screw_에 더 가깝다.

바퀴는 다리로 걸을 때보다 에너지 효율이 훨씬 높다. 이 같은 사실은 자전거를 타보면 바로 느낄 수 있다. 그런데도 바퀴를 사용하는 생물이 없는 이유는 무엇일까? 일본의 생물학자 모토카와 다쓰오本川達雄는 저서 《코끼리의 시간, 쥐의 시간》에서 바퀴가 평탄하고 딱딱한 지면에서만 효력을 발휘하는 점을 지적한다. 확실히 바퀴는 요철에 약해서 지름의 4분의 1쯤 되는 높낮이 차만 있어도 넘기가 어려우며, 2분의 1 이상인 높낮이 차는 원리상 넘을 수 없다. 질퍽거리거나 모래가 많은 땅처럼 마찰이 적은 곳 또한 바퀴에는 부적합하다.

즉, 자연계에는 바퀴가 그 위력을 충분히 발휘할 만한 장소가 거의 없다. 포장된 도로가 없으면 바퀴는 무용지물이나 마찬가지다. 19세기의 길은 오늘날처럼 아스팔트 포장 도로가 아니라 대부분 자갈길이었다. 나무나 단단한 고무로 만든 바퀴로 달리면 미세한 요철을 넘을 때마다 차에 탄 사람에게 충격이 전해지므로, 짐과 차체에 피해가 갔다. 당연히 속도를 내는 데도 한계가 있었다.

이 문제를 해결한 사람은 스코틀랜드 출신의 수의사 존 보이드 던롭 John Boyd Dunlop 이다. 열 살 난 아들에게 '세발자전거를 더 편하게, 빨리 달릴 수 있게 해달라'는 부탁을 받은 던롭은 도로의 요철을 흡수하는 튜브형 타이어를 생각해낸다. 시험 삼아, 나무로 된 원판 둘레에 공기를 넣은 고무 튜브를 리벳(금속재료를 결합하는 데 사용하는 막대 모양의 부품—편집자)으로 고정한 타이어를 만들어 세발자전거에 부착했다. 결과는 대성공이었다.

이 타이어가 좋다는 소문이 퍼지자 던롭은 공기 타이어 특허를 냈고, 1889년에는 더블린에 회사를 설립했다. 충격을 분산할 뿐 아니라 작은 높낮이 차나 돌 따위를 아랑곳하지 않는 공기 타이어의 수요는 폭발적으로 증가했다. 이때까지 사용했던 딱딱한 고무 타이어는 겨우 10년 만에 공기 타이어로 완전히 대체되었다고 한다. 던롭의 회사는 우여곡절을 거치면서도 현재까지 그 브랜드명을 유지해오고 있다.

사실 공기 타이어의 첫 번째 발명자는 던롭이 아니다. 던롭보다 40년 이상 거슬러 올라가는 1845년에 스코틀랜드인 발명가 로버트 윌리엄 톰슨 Robert William Thomson 이 공기 타이어를 개발했다. 이때는 아직 자동차는 커녕 자전거도 발명된 지 얼마 되지 않았던 때여서, 톰슨의 발명품은 비용만 많이 들 뿐 정작 사용할 데가 없었다. 훌륭한 아이디어였지만 시대가 도와주지 않았던 것이다.

1908년에 미국에서 발매된 T형 포드는 19년간 약 1,500만 대가 팔려 전 세계를 자동차 시대로 이끌었다. 대량생산된 고무가 이를 뒷받침

○ 1910년 자동차 모델인 T형 포드. 대량생산된 고무 덕분에 세계적
  으로 성공했다.

했음은 물론이다. 이로써 미국에서는 인프라가 활발히 정비되고 물류가
비약적으로 확대되어 많은 산업이 탄생했다. 미국이라는 광대한 국가는
이 교통 혁명으로 확실히 하나의 국가가 되어 훗날 패권 국가가 되기 위
한 기반을 닦은 셈이다. 오늘날에도 고무 타이어는 갖가지 물품을 나르
는 데 그치지 않고 자동차 산업을 근간에서부터 떠받치고 있으니, 타이
어의 중요성에 이론을 제기할 여지는 없을 것이다.

　가황고무는 발명된 지 백 몇 십 년 만에 세상을 완전히 바꾸어놓았다.
고무가 없었던 시대를 상상조차 하기 어려울 정도다. 만일 고무나무가
옛날부터 아시아나 유럽에 있었다면 역사는 어떻게 달라졌을까?

　고대 중국에는 도사라 불리는 자들이 있었다. 도사들은 온갖 물질을
조합해 불로장생의 영약을 만들어내고자 애쓰던 와중에 지금으로부터

약 1,000년도 더 옛날에 유황을 사용한 흑색 화약을 발명했다. 만일 도사들에게 고무가 있었다면 이 시대에 가황법을 발견했을 가능성도 충분하다.

이 훌륭한 재료가 있었더라면, 분명 앞에서 소개한 콜라겐을 이용한 활과 화살을 훨씬 능가하는 하늘을 나는 도구가 여러 개나 거뜬히 탄생했을 것이다. 만일 로마인에게 고무가 있었다면 로마인의 뛰어난 인프라 정비 능력과 고무 타이어의 효과가 어우러져 지배 영역을 더욱더 넓혔을지도 모른다. 군사령관이 세우는 작전도 달라졌을 테고 성과 도시 또한 지금과는 전혀 다른 모습이 되지 않았을까? 노란색 고무 밴드 하나를 바라보며 이렇게 상상의 나래를 펼쳐보는 일도 나쁘지 않은 듯하다.

제9장

혁신을 가속한
재료
자석

쇳조각을 끌어당기는 광물에서
대항해시대를 이끈 주역으로,
인간의 기억력을 무한대로 증폭시킨
전자기기의 부품까지.
자석의 화려한 변신이 펼쳐진다.

스스로 돌며 힘을 만드는 돌

　누구에게나 어린 시절 놀이터에서 자석으로 사철을 모았던 기억이 있을 것이다. 자석은 초등학교 과학 수업 때 반드시 다루고, 집집마다 냉장고 문에 한두 개씩은 붙어 있으므로 주변에서 볼 기회도 많다.

　너무 친근한 재료라 특별한 생각이 들지 않지만, 곰곰이 생각해보면 자석만큼 불가사의한 재료도 없다. 에너지를 가하지 않아도 거리와 차단막을 뛰어넘어 물체를 끌어당기는 물체가 자석 외에 또 있을까. 만일 자석이 희소금속 rare metal 만큼 희귀한 재료였다면 전 세계 국가와 대기업이 거액의 자금을 투자해 쟁탈전을 벌였을 것이다. 그만큼 자석은 유용하고 특이한 존재다.

다행히 자석은 수량이 풍부하며 인공적으로 싸게 만들 수도 있다. 자석에 관한 혁신은 또 다른 혁신을 불러일으켰고, 오늘날 자석이 없는 사회를 상상하기란 대단히 어렵다. 자석의 폭넓은 활약상은 많은 사람의 상상을 훨씬 뛰어넘을지도 모른다.

쇳조각을 끌어당기는 자석의 신비한 성질은 먼 옛날부터 사람들의 관심을 끌었지만 그 이유를 밝혀내기란 절대 쉽지 않았다. 20세기에 와서야 마침내 수수께끼가 풀렸는데, 안타깝게도 '아, 그렇구나!'라고 직감적으로 생각할 만한 원리는 아니다.

자기력을 만들어내는 것은 전자의 스핀 Spin이다. 그렇다고 해서 전자가 정말로 팽이처럼 뱅글뱅글 스스로 돌지는 않는다. 이렇게 생각해야 이해하기 쉬우므로 '스핀'이라고 부른다.

전자의 스핀에는 상향과 하향의 두 종류(역시 이렇게 생각하는 편이 편하기 때문이지 실제로 상하 방향이 있지는 않다)가 있지만 보통 물질 속에는 이 둘의 수량이 같아서 서로의 힘을 상쇄해버린다. 이러한 까닭에 대개의 물질에는 자기력이 없다. 그러나 철 원자는 특수한 전자 구조이므로 스핀의 성질이 상쇄되지 않고 남는다. 실온에서 이와 같은 성질을 보이는 금속은 철 외에 코발트와 니켈뿐이다(단, 2018년에 특수한 결정 상태의 루테늄이 실온에서 강한 자성을 띤다는 사실이 확인되었다).

그렇다고는 해도 보통의 철 덩어리는 자석으로 기능하지 않는다. 철 원자의 방향이 제각각이어서 서로 간에 자력을 상쇄해버리기 때문이다. 평범한 철에 자석을 대면(자기장을 걸면) 철 원자가 한 방향으로 정렬되어 자력을 띠게 된다. 요컨대 철이나 코발트, 니켈 등 특별한 원소의 방향이 정렬될 때 자기력이 발생한다.

자석은 언제 발견되었을까?

인류는 언제부터 자석을 알고 있었을까? 자세한 내막은 확실하지 않지만 전해오는 이야기에 따르면, 그 기원은 유목민이 신발이나 지팡이에 붙은 철제 장식품이 검은색 돌을 끌어당긴다는 사실을 발견한 것이라고 한다. 자연에는 자철광이라 불리는 철광석이 지천으로 널려 있고 그중에는 자성을 띤 광석도 있으므로, 전 세계 각지에서 많은 사람이 자석의 존재를 알고 있었을 것이다.

자석의 영어 이름인 '마그넷'magnet의 어원에는 몇 가지 설이 있으나, 그리스의 마그네시아 지방에서 산출된 데서 유래했다는 설이 유력하다. 철학자 탈레스가 저서에서 자석을 언급한 사실로 보아, 이미 기원전 6~7세기에 철을 끌어당기는 성질이 널리 퍼져 있었던 듯하다.

그밖에 수많은 그리스 철학자 또한 자석은 철을 끌어당기지만 그 반대 상황은 일어나지 않는다고 생각해 자석이 가진 힘의 원천에 관해 가설을 세웠다. 예를 들어, 원자론을 제창한 것으로 유명한 데모크리토스는 같은 종류의 동물끼리 무리를 이루듯이 철과 자석은 성질이 비슷해서 서로 끌어당긴다고 생각했다.

옛날에 중국에서는 철이 자석에 딸려오는 모습이 마치 어린아이가 자애로운 엄마를 따르는 것 같다고 하여 자석을 '자애로울 자'慈와 '돌 석'石으로 표기하고 자석이 많이 산출되는 지방은 자주慈州라고 불렀다. 이곳이 지금의 허베이성 한단시 '츠셴'이다. 동서양을 막론하고 자석은 고대부터 사람들의 흥미를 불러일으키는 존재였던 듯하다.

중국에서는 자석을 의약품으로 사용하려는 시도도 있었다. 서양에서도 '베개 밑에 자석을 숨겨두면 바람피우는 여성이 침대에서 떨어진다', '흰 자석은 최음제가 된다' 등의 미신을 오랜 기간 믿어왔다. 이런 이야기를 들으면 사람들이 자석의 불가사의한 힘을 얼마나 신비하게 여겼는지 짐작할 수 있다.

방향을 가리키는 광물

자석의 실용적 가치를 처음으로 발견해낸 사람은 아마도 중국인이었던 것 같다. 중국인은 자석이 남북을 가리킨다는 사실을 깨닫고 자석을 나침반으로 이용했다.

고대부터 중국에는 '천자는 남쪽을 향한다'란 말이 있어 황제는 남쪽을 향해 앉아야 한다고 여겼다. 이러한 까닭에 중국의 전설 속 제왕인 황제黃帝(중국 고대 전설상의 제왕. 처음으로 곡물 재배를 가르치고 문자, 음악, 도량형 등을 정했다고 한다. ―편집자)가 행차할 때, 항상 남쪽을 알려주도록 '지남차'指南車를 발명해냈다고 한다(사람을 올바른 방향으로 이끈다는 의미인 '지남'指南의 어원). 단, 이 지남차에 실린 물체는 항상 처음 지정한 방향을 향하게끔 설계된 기계 장치 인형으로, 자석처럼 스스로 방향을 가리키는 것은 아니었던 듯하다.

1세기에는 '사남지작'司南之杓(남쪽을 가리키는 국자)이란 물체가 문헌에 등장한다. 사남지작은 천연 자석을 숟가락 모양으로 깎은 것으로, 손잡이가 남쪽을 가리켜 방향을 알려주었다. 나무로 만든 물고기에 방위 나침반을 넣어 물에 띄운 '지남어'指南魚는 3세기 즈음부터 이용되었는데, 제갈공명이 사용했다는 이야기도 전해진다. 이러한 자석은 제지법, 인쇄술, 화약과 더불어 고대 중국의 4대 발명품으로 평가된다.

자석이 열어준 대항해시대

나침반이 진정으로 위력을 발휘한 시기는 명나라(1368~1644) 때부터다. 제3대 황제인 영락제는 환관인 정화鄭和를 총지휘관으로 임명하여 서방 제국에 '서양취보선'西洋取寶船(서양에서 보물을 가져온다는 뜻—옮긴이)을 보냈다. 제1차 항해 때는 62척의 함대를 보냈는데, 함대 한 척의 길이는 150m, 현재로 말하면 8,000톤급 배에 해당했다고 한다. 정화가 항해를 떠난 지 거의 1세기 후에 인도양을 여행한 바스코 다 가마(포르투갈의 항해자) 함대의 기함이 약 120톤급이었다고 하니, 정화가 이끌었던 함대의 규모가 얼마나 월등했는지를 알 수 있다.

서양취보선의 항해는 7차까지 이어졌다. 함대는 명나라에서 멀리 떨어진 지금의 케냐에까지 가서 수많은 진귀한 물품을 명나라에 가져왔다. 육지에서 멀리 떨어진 바다에서 흐린 날에도 정확하게 방향을 알려주는 나침반이 없었다면, 이 엄청난 일은 분명 불가능했을 것이다.

하지만 '동양의 대항해시대'는 정화의 죽음과 함께 막을 내렸고, 이후에는 함대를 파견하지 않았다. 정화의 교역 활동은 일반 상업 거래와 달라서 여러 나라가 명나라에 공물을 바치고, 명나라는 막대한 보물을 하사하는 '조공무역'이었다. 이러한 까닭에 명나라는 재정적으로 큰 압박을 받았고, 결국 함대 파견을 중지하게 되었다고 한다. 만약 무역이 계속 이루어졌더라면 항해 기술은 얼마나 발전했을까, 명나라의 정치와 경제는 어떻게 바뀌었을까, 그리고 수십 년 후 시작된 서양의 대항해시대에 어떤 영향을 끼쳤을까. 흥미진진한 '역사 속 만약'이 떠오른다.

콜럼버스를 고민에 빠뜨린 '편각'

정화의 항해 이후에 찾아온 서양의 대항해시대에 나침반이 얼마나 크게 공헌했는지는 이제 와서 장황하게 설명할 필요조차 없을 것이다. 영국의 철학자 프랜시스 베이컨은 저서 《노붐 오르가눔》Novum Organum에서 나침반을 비롯한 르네상스 3대 발명품을 다음과 같이 평가했다.

'(이 발명품들의 위대함은) 인쇄술, 화약 및 항해용 자침에서 가장 명료하게 나타난다. 그 이유는 이 세 가지가 온 세상 만물의 모습과 상태를 바꾸어버렸기 때문인데, 첫 번째 발명은 문필과 관련된 분야에서, 두 번째는 전쟁과 관련된 분야에서, 세 번째는 항해에 관한 사항에서 무수한 만물의 변화를 가져왔다. 따라서 이와 같은 기계의 발명이 끼친 영향과 비교하면, 어떤 제국이라든가 교파라든가 별자리 등이 인간사에 훨씬 커다란 결과나 영향 따위를 끼쳤다고는 보이지 않을 정도다.'

장거리 항해가 가능해지면서 나침반의 예기치 못한 약점이 드러났다. 오늘날 잘 알려진 대로 자석은 정확하게 북쪽을 가리키지 않는다. 지방에 따라서도 다른데, 지금의 도쿄에서는 정북쪽에서 서쪽으로 약 7도 정도 기운 곳을 가리킨다. 이 각도를 '편각'偏角이라고 한다.

중국에서는 이미 8~9세기경 편각에 대해 알았던 듯하다. 편각을 최초로 기술한 사람은 북송시대의 정치가이자 학자였던 심괄沈括로, 그는 저서 《몽계필담》에서 자석이 가리키는 북쪽(자북)과 진짜 북쪽(진북) 사이의 오차를 지적하며 세계 어디에서나 항해에 사용할 수 있는 나침반에 관해서 설명한다.

편각 오차로 골머리를 앓았던 사람은 크리스토퍼 콜럼버스다. 그는 아메리카 대륙을 목표로 항해를 떠난 지 10일째쯤에 나침반이 북서쪽으로 점점 기울어진다는 사실을 알아차렸다. 지점에 따라 변하는 편각은 오랫동안 항해할 경우 오차가 커진다. 배의 진동이나 주변의 철제품이 영향을 주기도 해서 편각을 정확하게 측정하기도 어렵다.

자석이 가리키는 북쪽은 시대에 따라서 달라진다는 사실도 나중에 밝혀졌다. 일본 교토에 위치한 니조성二条城은 남북축이 동쪽으로 약 3도쯤 기울어져 있는데, 이는 건축 당시(1603)의 편각을 반영했기 때문이라고 한다.

에도시대에 활약한 상인 출신 측량가인 이노 다다타카伊能忠敬는 일본 전국을 측량해 17년에 걸쳐 정확한 일본 지도를 작성한 업적으로 유명하다. 이 무렵에는 때마침 일본 부근의 편각이 거의 '0'이었으므로, 오차가 생기기 어려웠다. 이노의 지도가 놀라울 만큼 정확한 가장 큰 이유는 그가 꼼꼼히 측량한 덕분이지만 행운이 더해진 결과이기도 했다.

지구가 거대한 자석임을 밝힌 《자석론》

편각은 왜 생기고 시대에 따라 이동하는 까닭은 무엇일까? 애초에 자석은 어째서 거의 남북을 가리킬까? 16세기 말경에 이와 같은 자석의 비밀을 본격적으로 파헤친 남자가 나타났다. 바로 윌리엄 길버트William Gilbert다.

그는 영국 왕의 주치의이면서 약 20년간 자석 연구에 매진한 인물로, 자신이 알아낸 수많은 연구 성과를 《자석론》De Magnete에 총망라했다. 이 책에는 약한 자석은 강한 자석으로 강화할 수 있고, 물체로 차단해도 자기력이 전달되며, 자기력이 미치는 범위에 한계가 있다는 점 등이 명확히 나와 있다. 게다가 자석에 얽힌 수많은 미신이 옳지 않다는 사실 또한 입증했다.

이 결과들은 지금의 우리에게는 모두 당연해 보인다. 그러나 막연하게 경험으로 이러하다고 믿는 것과 실험으로 의심의 여지없이 입증하는 것은 분명히 다르다. 길버트는 가설을 세우고 실험으로 가설을 검증해내는 근대적 과학 기법을 확립하는 데 크게 공헌했다.

《자석론》의 가장 큰 성과는 지구 자체가 거대한 자석이라는 것을 증명해낸 점이다. 이때까지는 북극성이 자석을 끌어당기기 때문에 자석이 남북을 가리킨다고 믿었지만 길버트는 실험 결과로 이를 부정했다.

그의 추측에 따르면, 지구가 자기를 띠는 까닭은 지구의 내핵에서 녹은 철 등이 자전의 영향을 받으며 열대류(열의 작용으로 수직 방향으로 일어나는 공기의 흐름—편집자) 함으로써 전류를 발생시키고, 이 전류가 자기장을 만들어내기 때문이고, 자기극이 시대에 따라 이동하는 까닭은 이 액체 상태의 철이 다양한 형태로 움직이기 때문이라고 한다. 길버트의 자석 연구는 인간이 발을 디디고 있는 지구가 단단한 암석 덩어리가 아니라 역동적으로 움직이는 것이라는 새로운 지구관 확립의 주춧돌이 되었다.

지구자기는 생명의 수호신?

지구자기는 인간의 생각보다 활발하게 변동하며, 심지어 남북이 완전히 뒤바뀌는 현상도 지구 역사 속에서 최소한 수백 번 일어났다. 지금으로부터 가장 가까운 시기에 일어난 지구자기역전은 약 77만 년 전이라고 한다. 그 흔적이 일본 치바현 이치하라시의 지층에 남아 있으므로, 약 77만 년 전부터 12만 6,000년 전까지를 '치바시대'(치바니언)라고 부르자는 안건이 국제지질학연합 IUGS에 신청된 상태다.

한편, 지구자기가 생명체에게 수호신이나 마찬가지라는 주장도 있다. 지구는 태양풍과 은하 우주선 Galactic Cosmic Ray/GCR(태양계를 포함해 우리 은하 전체 공간을 날아다니는 고속의 입자, 원자핵 또는 전자—옮긴이) 같은 플라스마 입자에 끊임없이 노출된다. 하지만 지구자기는 입자들의 진로에 영향을 주어 입자들을 튕겨내고, 튕겨나간 입자는 북극이나 남극에서 대기 분자와 충돌해 빛을 낸다. 이것이 오로라의 정체다. 그런데 지구자기가 없다면 지구는 항상 플라스마 입자의 폭격을 받게 되므로 생명 활동에 지구자기의 영향이 나타난다는 것이다. 공룡을 비롯한 몇몇 생물의 멸종 원인을 지구자기의 변화에서 찾는 학자도 있다.

그러나 이 설에는 다른 견해도 많다. 과거에 일어난 생물 대멸종 시기와 지구자기역전이 일어난 시기가 반드시 일치하지는 않기 때문이다. 앞에서 이야기한 약 77만 년 전의 지구자기역전도 인류는 문제없이 극복해냈다. 지구자기역전이 어떤 영향을 끼치기는 하겠지만 매번 생명의

○ 알래스카에서 바라본 오로라의 모습

대멸종을 초래하지는 않는 듯하다.

　다만, 지금 지구자기가 역전한다면 GPS나 통신 인프라 등에 심각한 문제가 발생할 가능성이 있다고 지적하기도 한다. 오존층의 변화로 자외선량이 증가하는 문제 역시 우려되므로 어떤 모습이 펼쳐질지 예측하기 어렵다.

　1840년 이후의 지구자기를 측정한 결과, 100년마다 5%씩 지구자기의 세기가 약해지고 있다는 사실이 밝혀졌다. 혹자는 이를 두고 지구자기가 역전할 징후일지도 모른다고 주장한다. 과거에는 지구자기가 20만 년에 한 번꼴로 역전했으므로, 현재는 언제 역전해도 이상하지 않다. 따라서 앞으로 지구자기의 변화에 세심한 주의를 기울여야 할 필요는 있을 듯하다.

전기로 세상을 밝힌 남자

윌리엄 길버트는 전기를 의미하는 일렉트릭시티$_{electricity}$란 단어를 만든 인물 중 한 명으로도 유명하다. 그 어원은 그리스어 '호박'$_{electron}$으로, 호박을 문질렀을 때 마찰 전기로 인해 표면에 물체가 달라붙는 현상에서 유래했다.

이후에도 많은 과학자가 거리를 초월해서 물체를 끌어당기는 전기와 자기란 두 가지 힘에 관심을 보이면서, 연구는 점차 물리학의 중요한 두 갈래 흐름으로 성장했다.

19세기에 접어들어 이 두 분야를 통합한 두 명의 천재가 영국에 출현한다. 한 사람은 마이클 패러데이, 다른 한 사람은 제임스 클러크 맥스웰$_{James Clerk Maxwell}$이다. 핵심만 말하면, 패러데이는 실험을 통해 전기와 자기의 밀접한 관계를 제시했고, 맥스웰은 이론을 연구해 전기와 자기의 관계를 수식으로 표현하는 데 성공했다.

이로써 인류는 전기를 자기로, 혹은 자기를 전기로 쉽게 변환할 수 있게 되었다. 오늘날에는 전자를 '전자석', 후자를 '발전기'라고 부른다. 패러데이는 직접 원시적 발전기를 만들었을 뿐 아니라 전기를 동력으로 바꾸기도 했다.

패러데이는 다재다능한 인물로 화학에서 물리에 이르는 넓은 분야에서 업적을 남겼으며, 유리와 실험 기구도 발명했다. 일반인을 대상으로 한 강연에까지 뛰어난 재능을 보였다고 하니, 오늘날로 치면 최고의 과

○ 마이클 패러데이

학 커뮤니케이터이기도 했다.

패러데이의 기지를 보여주는 일화로는 당시 재무장관이었던 윌리엄 글래드스턴과 나눈 대화가 유명하다. 패러데이가 전자기유도 실험을 재연했을 때 글래드스턴은 '자기를 사용해 순간적으로 전기를 흘려보냈다고 해서 대체 이것이 무엇에 도움이 되느냐?'고 질문했다고 한다. 그러자 패러데이는 '20년쯤 지나면 당신들은 전기에 세금을 부과할 것'이라 대답했다고 한다.

오늘날에도 그가 말한 재치 넘치는 임기응변을 자주 인용한다. 주로 '언뜻 도움이 될 것 같지 않은 연구가 미래에 큰 가치를 낳기도 하니 쉽게 포기해서는 안 된다'는 문맥에서 인용되는 듯하다. 하지만 실제로 이 발언은 당시의 신뢰할 만한 문헌에 나오지 않았으므로, 후세에 만들어진 이야기일 가능성이 높다는 의견도 있다.

진위는 어찌 됐든 이후 전자기학은 패러데이의 예언을 훨씬 뛰어넘을 만큼 발전했다. 지금은 전기에 세금을 부과하고 말고의 문제가 아니다. 현대의 전기 제품이 모두 패러데이와 맥스웰의 업적을 기반으로 하는 까닭이다.

○ 제임스 클러크 맥스웰

모터는 영구 자석에 코일을 끼워 넣은 구조로 되어 있다. 코일에 전기를 흘려보내면 전자석이 되어, 양쪽에 있는 영구 자석과의 사이에서 흡인력과 반발력이 생기므로 이 힘으로 계속 회전한다. 발전은 이와 반대여서 외부의 힘으로 코일을 회전시켜 유도 전류를 발생시킨다.

원리를 알게 되면 점차 새로운 아이디어가 추가되므로 이 아이디어들이 합쳐서 또다시 새로운 발명품이 탄생한다. 자동차 한 대만 보아도 엔진은 물론이거니와 와이퍼, 자동 개폐 창, 사이드미러, 잠금장치, 압축기, 냉각기 등 온갖 부분에 모터가 사용되며, 각 부분에 적합한 자석이 들어 있다. 현대 문명은 자석 문명이라고 말해도 전혀 과장이 아니다.

자석이 음악 산업을 뒤흔들다

자기력의 응용 분야는 모터와 발전만이 아니다. 자기력은 정보를 기록하는 데도 빠뜨릴 수 없다.

자기기록 매체가 등장한 때는 꽤 오래전으로 무려 1888년까지 거슬러 올라간다. 미국의 기술자 오벌린 스미스Oberlin Smith가 철사에 녹음하는 방법을 발표한 것이다. 그러나 그 당시에는 음질 문제로 실용화되지는 못했다.

1935년에는 독일의 화학공업 복합기업 IG파르벤이 합성수지 테이프에 자성체인 산화철을 코팅한 고품질 녹음테이프를 개발했다. 이 테이프가 바로 지금까지 이어지는 테이프 리코더의 원조다.

제2차 세계대전 후, 녹음테이프의 우수한 품질에 감동한 빙 크로스비Bing Crosby(미국의 가수 겸 배우로 노래 〈화이트 크리스마스〉로 유명)는 직접 5만 달러를 암펙스사에 투자해 테이프 리코더를 개발하도록 했다. 테이프 리코더는 라디오 프로그램과 음악 업계에 혁명을 일으켰고 음악이 거대 산업으로 발전하는 실마리가 되었다.

자기 테이프는 오랜 기간 녹음·녹화 매체의 왕좌에 군림하지만 머지않아 컴퓨터 시대가 도래하면서 왕좌를 플로피디스크와 하드디스크에 내주게 된다. 테이프와 달리 원반은 엉키지 않을뿐더러 고속으로 접속할 수 있다는 점이 결정적으로 작용했다.

디스크의 기본 원리는 모두 똑같다. 디스크에 코팅된 자성체를 미세한 구획으로 나누고 이 구획들을 자기화하는 것인데, 이때 N극과 S극의 방향이 1비트의 정보가 된다. 1970년에 처음으로 등장한 플로피디스크의 기록 용량은 겨우 8인치에 80킬로바이트(8만 바이트) 정도였지만 지금은 이보다 훨씬 작은 하드디스크에 수 테라바이트(=수조 바이트)의 정보가 들어간다.

이를 가능하게 한 기술은 거대 자기저항 효과와 수직 자기기록방식이란 혁신이다. 기록 매체를 물처럼 싼값에, 대량으로 사용하게 된 데는 무수히 많은 이점이 있다. 현대의 컴퓨터 사회는 요컨대, 우리 눈에 보이지 않을 만큼 작은 자석들이 지탱하고 있는 셈이다.

인간의 기억력을 대체할 물질

이와 같은 기술 혁신을 뒷받침하는 자석 자체도 눈부시게 발전했는데, 여기에는 일본인 연구자가 크게 공헌했다. 앞에서 등장했던 '철의 신' 혼다 고타로는 지금으로부터 100년쯤 전인 1916년에 당시 세계 최강의 인공 자석 KS 강을 만들어냈다.

1930년에는 화학자인 가토 요고로加藤与五郎와 전기화학자인 다케이 다케시武井武가 자유롭게 성형할 수 있는 페라이트 자석을 발명했다. 페라이트 자석은 산화철을 주원료로 구워 단단하게 만든 자석으로 값이 매우 저렴하다. 이러한 까닭에 모터나 복사기, 스피커, 카세트테이프 등 다양한 기계에 널리 이용되었다. 냉장고 문이나 화이트보드에 붙이는 검은 자석 또한 페라이트 자석으로 우리가 일상생활 속에서 가장 흔히 접하는 자석이다.

○ 페라이트 자석. 성형이 자유로워 상업적으로 가장 널리 이용되고 있다.

자석이란 말을 들었을 때 우리는 흔히 막대기나 말굽처럼 생긴 자석을 떠올리는데, 이는 한때 자석을 이러한 형태로 만들어야만 자기력을 유지할 수 있었기 때문이다. 페라이트 자석은 보자력coercive force(항자기력)이 강해서 막대 형태가 아니어도 자기력을 장기간 유지할 수 있어 다양한 형태로 성형이 가능하다. 페라이트 자석은 그야말로 자석의 용도를 단숨에 넓힌 획기적 발명이었다.

이 자석은 사실 특수한 목적으로 만들지 않았다. 어느 날 다케이 박사가 측정 장치의 스위치를 끄는 것을 잊고 퇴근했는데, 다음 날 아침에 보니 시료가 강한 자기력을 띠고 있었다. 이른바 세렌디피티(우연에 의한 발견)의 대표 사례로, 위대한 발명에는 이처럼 행운이 작용하는 사례가 많다. 관점을 달리하면 이러한 행운을 놓치지 않고 거머쥐는 능력이야말로 과학자의 자질일 것이다.

1960년대부터는 희토류 원소를 넣은 강력한 자석이 등장한다. 일본의 시인 겸 소설가 다와라 마치俵万智의 아버지, 다와라 요시오俵好夫는 마쓰시타 전기산업과 신에쓰 화학공업 등에서 활약한 연구자로, 사마륨이란 원소로 만든 강력한 자석을 세상에 선보였다. 베스트셀러에 오른 다

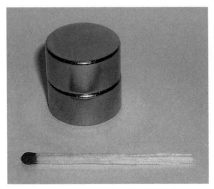

○ 네오디뮴 자석. 영구 자석 중 가장 강력한 힘을 띤다.

와라 마치의 짧은 시 모음집 《샐러드 기념일》サラダ記念日에는 〈한때는 세상에서 가장 강했던 아버지의 자석이 웅크리고 있는 선반〉이란 시가 실려 있다.

희토류 자석을 뛰어넘어 현재 세계 최강의 자리에 군림하는 자석은 사가와 마사토佐川眞仁가 1982년에 개발한 네오디뮴 자석이다. 이 자석은 매우 강력해서 네오디뮴 자석에 손가락이 끼어 뼈가 완전히 으스러진 사람도 있다. 작은데도 흡입력이 굉장해서 하드디스크와 휴대전화의 소형화에 크게 기여했다. 하이브리드차와 같은 고도 첨단 기술 제품에 필수적인 자석으로, 원료가 되는 희소금속인 네오디뮴과 디스프로슘은 국제 정치 및 경제의 초점이 되었다.

이렇게 살펴보면 근래에 급속도로 이루어진 자석의 혁신 속도에 다시 한번 놀라게 된다. 자석의 발전은 수많은 분야에서 혁신을 일으키는 실마리를 제공했으며, 이로써 우리의 삶도 크게 변화했다.

모터와 전기는 인간의 힘의 몇 백 배나 되는 힘을 발휘하며, 자기 기록 매체는 인간의 기억력을 거의 무한대로 증폭시켰다. 연약한 생물인 인류는 재료의 힘을 활용함으로써 자신의 능력을 확장하고 현재와 같은 번영을 이룩해냈다. 이러한 의미에서 보면 자석만큼 위력을 발휘한 재

료도 없다. 철을 끌어당기는 돌을 발견한 이래 수천 년간, 인류가 자석
과 함께 걸어온 긴 여정을 생각해본다.

제10장

'가벼운 금속'의
기적

알루미늄

차량에 혁명을 가져온 재료가 고무라면
항공기 시대를 연 재료는 알루미늄이다.
가볍고 튼튼하고 녹슬지 않는 금속이 발견되자
인류는 급속도로 발전하기 시작했다.

방어력과 기동성을 모두 갖춘 금속

갑옷의 역사는 수많은 연구와 노력이 차곡차곡 쌓여서 이루어낸 눈물겨운 역사다. 청동 등으로 만든 가슴 보호구에서 출발해 체인 메일(작은 쇠사슬을 엮어 만든 쇠비늘 갑옷), 스케일 아머(가죽, 천 등에 비늘 모양의 금속을 꿰맨 갑옷) 등 앞선 것보다 조금이라도 가볍고 활동하기 편한 갑옷으로 진화했다. 긴 화살이나 총과 같은 엄청난 위력의 신무기가 등장하자 이번에는 이 무기에 대항하기 위해 온몸을 덮는 튼튼한 갑옷이 발명되었다. 이렇듯 가볍고 활동하기 편한 방호구는 좀처럼 나오지 않았다.

스스로 '중세의 마지막 기사'라고 불렀던 신성로마제국(962~1806)의 황제 막시밀리안 1세는 전용 갑옷 공장을 지어 실용적이면서 가벼운 갑옷을 만들게 했다. 연구 끝에 얇은 철판을 물결 모양으로 가공함으로써, 강도가 높을 뿐 아니라 검이나 화살의 공격을 막아낼 수 있는 갑옷이 완성된다. 하지만 이렇게까지 시간과 수고를 들여 만든 막시밀리안식 갑옷도 전체 무게가 35kg이나 되었다고 하니, 보통 체력인 사람은 이 갑옷을 입고 자유롭게 걸어 다니기조차 힘들었을 것이다.

일본의 갑옷 역시 매우 무거워 당시 체구가 작았던 일본인에게는 큰 부담이었다. 이야기에 따르면 센고쿠시대(15세기 중반~16세기 후반)에 활약한 다이묘(영주) 이마가와 요시모토今川義元는 갑옷을 입다가 넘어졌는데 혼자서는 일어서지 못했다고 한다. 갑옷은 병사들의 생명선인 동시에, 자칫하면 갑옷 때문에 목숨을 잃을 수도 있는 위험한 것이었다.

가벼운 나무나 천은 방어력이 부족하고 단단한 철이나 청동은 기동력이 떨어진다. 수천 년간 전 세계 장군과 갑옷 장인을 고민하게 했던 이 문제를 아주 간단히 해결한 어떤 재료를 오늘날 우리는 일상생활 속에서 다양한 용도로 사용한다. 바로 이번 장의 주제인 알루미늄이다.

알루미늄의 비중은 2.70으로, 철(7.87)과 구리(8.94)의 약 3분의 1밖에 되지 않는다. 강도는 철이나 구리보다 약간 떨어지지만 알루미늄을 다른 금속과 섞어 합금을 만들면 상당히 단단해진다. 현대의 갑옷이라 할 만한 기동대의 방패와 방탄복 등에도 알루미늄 합금을 사용한다(단, 근래에는 11장에서 이야기할 투명한 폴리카보네이트 제품이 늘고 있다).

알루미늄 원소는 지구에 보편적으로 존재한다. 지표에서 알루미늄의 존재비는 산소와 규소 다음으로 많은 3위(중량비로 약 7.5%)로, 철(약 4.7%)이나 칼슘(약 3.4%)을 훨씬 웃돈다. 장석이나 운모 등 흔한 광물은 알루미늄을 많이 포함하므로, 알루미늄이 지표에 많은 것도 당연하다.

그러나 평범하면서 뛰어난 이 금속은 오랜 기간 인류 앞에 모습을 드러내지 않았다. 알루미늄이 처음 금속 형태로 추출된 때는 1825년이므로, 금속 알루미늄의 역사는 200년도 채 되지 않는다. 게다가 대량생산 체제가 확립되어 널리 사용하기 시작한 때는 20세기 이후다.

알루미늄의 발견과 공업화가 이렇게 늦어진 이유는 알루미늄과 산소의 결합이 지나치게 강력한 탓이다. 지금으로부터 27억 년쯤 전, 지구에 남세균_{cyanobacteria}이란 세균이 출현해 공기 중에 산소를 대량으로 뿌렸다. 이때 철이나 알루미늄 등 산화되기 쉬운 금속은 모조리 산소와 결합해 산화물로 축적되었다. 이후 화학자들에 의해 오랜 잠에서 깨어나게 될 때까지 알루미늄은 산소와 결합한 채 유구한 세월을 보냈다.

하지만 역시 자연의 품은 깊어서 알루미늄이 금속 상태로 출토되는 장소도 있다. 러시아 캄차카반도의 톨바칙산은 이와 같은 희귀한 장소 중 하나다. 이 지역의 땅속은 환원성 화산 가스가 작용하는 극히 특수한 환경으로, 산소를 포함하는 외부 공기와 단절된 덕분에 금속 상태의 알루미늄이 소량이나마 존재한다.

이와 같은 금속 상태의 알루미늄이 자연계에서 대량으로 발견되어 무기나 방호구로 이용되었더라면 전 세계의 전쟁사, 더 나아가서 역사의 흐름 자체가 달라졌을 것이다. 알루미늄은 고무, 플라스틱과 더불어

'당시에 이 재료가 있었더라면'이라고 상상의 날개를 펼쳐보고 싶게 하는 재료다.

알루미늄이 명반에서 나왔다?

그럼 알루미늄은 어떻게 발견되었을까? 맨 처음 알루미늄은 명반(백반)에서 추출되었다. 명반은 광물이나 온천의 '탕화'(침전물)로 만들며, 옛부터 매염제나 무두질 약제로 사용되었다.

앞에서 설명했듯이, 알루미늄은 산소 원자와 쉽게 결합하며 최대 네 개의 산소와 연결된다. 매염제로 사용될 때는 알루미늄이 천에 포함된 산소 원자와 염료에 포함된 산소 원자 사이에 다리를 놓아 이 둘을 연결한다. 알루미늄이 무두질 약제로 사용될 때는 가죽의 단백질에 포함된 산소 원자들을 연결해 튼튼하고 잘 분해되지 않는 구조로 바꾼다. 인류는 경험으로써 알루미늄의 기능을 알아냈고 제대로 사용하고 있었던 것이다.

그러나 알루미늄과 산소를 떼어놓기란 그리 쉽지 않다. 프랑스의 화학자 앙투안 라부아지에Antoine Lavoisier는 명반이 미지의 금속 원소를 포함할 가능성을 지적했지만 분리해내지는 못했다. 이후 1802년에 영국의 화학자 험프리 데이비Humphry Daby가 명반에서 새로운 금속산화물로 보이는 물질을 발견했다. 데이비는 이 물질을 명반이라는 뜻의 라틴어

'alum'에서 따와 'alumium'(알루미엄, 알루미늄이 아니다)이라고 이름 붙였다. 이 말은 라틴어로 '빛나는 것'을 의미하는 'a lu−mine'와도 호응한다.

라부아지에와 데이비라는 위대한 화학자조차 공략하지 못한 알루미늄을 처음으로 분리해낸 사람은 덴마크의 물리학자 한스 크리스티안 외르스테드Hans Christian Oersted 였다. 그러나 외르스테드의 제련법은 분리한 알루미늄에 수은이 남을뿐더러 아주 소량의 알루미늄만을 겨우 제조할 수 있었다. 이후 수십 년간, 알루미늄은 오늘날의 희소금속과 비교가 되지 않을 만큼 극히 귀중하고 고가의 금속으로 군림한다.

알루미늄을 사랑한 황제

알루미늄을 굉장히 사랑한 군주가 있었으니 바로 프랑스 황제 나폴레옹 3세다. 계기는 1855년에 열린 파리 만국박람회였다. 박람회에서는 당시 귀중했던 알루미늄 괴ingot를 '점토에서 나온 은'이라 선전하며 보석이 빼곡히 박힌 왕관과 나란히 전시했다. 박람회의 선전물인 이 진귀한 금속은 관람객의 눈에 띄어 사람들을 깜짝 놀라게 했다.

이 광경을 본 나폴레옹 3세는 알루미늄 연구를 후하게 지원했는데 파리 교외에 공장을 지어 이곳에서 제조된 알루미늄으로 자신의 옷에 달 단추, 부채, 황태자를 위한 장난감 등을 만들게 했다. 또 최고의 귀빈을 알루미늄제 접시, 스푼, 포크로 대접했으며 그다음으로 신분이 높은 사람은 금이나 은 식기로 대접했다고 한다. 지나치게 가벼운 식기에 눈이 휘둥그레진 손님을 보고 득의양양한 미소를 짓는 황제의 모습이 눈에 선하다.

물론 나폴레옹 3세는 단순히 사람을 놀라게 하려는 목적에서 알루미늄 연구를 추진한 것이 아니다. 가볍고 단단한 금속을 군수 장비에 응용하면 기병의 기동력이 월등히 높아져, 열강과의 전쟁에 매우 유리해지리라고 판단했기 때문이다. 한 나라 지도자로서의 혜안이라 할 만하지만 알루미늄으로 만든 군수 장비는 그의 재위 기간 동안에 실현되지 않았다. 나폴레옹 3세는 1870년에 적국 프로이센의 포로가 되어 황위에서 내려왔다.

그 후에도 알루미늄은 변함없이 희귀한 금속이었다. 1884년에 준공한 워싱턴 기념탑은 미국의 위신을 보여주기 위해서 탑 꼭대기에 알루미늄으로 제작한 피라미드 형태의 2.7kg짜리 주조물을 씌웠다. 어느 역사가에 따르면, 당시 알루미늄 1온스(약 28g)만으로 이 탑을 세운 모든 노동자의 하루 치 급여를 충당할 수 있었다고 한다. 이렇듯 겨우 백 수십 년쯤 전만 해도 알루미늄은 금과 백금은 비교도 안 될 만큼 고가의 '귀금속'이었다.

신이 인간에게 내려준 축복

알루미늄은 수많은 귀금속 원소 중에서도 유달리 독특한 매력을 뽐낸다. 가볍고 단단하며 안정할 뿐 아니라, 저렴한 비용으로 대량생산할 수 있는 금속은 알루미늄 외에 없다. 우리는 이미 알루미늄에 익숙하므로 별다른 생각을 하지 않지만 이는 기적의 금속이라고 불릴 만한 성질이다.

알루미늄이 가벼운 가장 큰 이유는 원자 자체가 가볍기 때문이다. 알루미늄 원자의 질량은 수소 원자의 약 27배 가량이다. 철은 약 56배, 구리는 약 63배, 금은 약 197배이므로, 알루미늄이 이 금속들보다 훨씬 가볍다.

알루미늄보다 가벼운 금속으로는 리튬(비중 0.53), 소듐(비중 0.97), 칼슘(비중 1.55) 등이 있다. 이 금속들은 모두 극도로 산화되기 쉽다. 녹스는 정도가 아니라 물을 끼얹기만 해도 불꽃을 내며 타버리므로 재료로서 전혀 쓸모가 없다.

여기까지 읽은 대부분의 독자는 '알루미늄은 산소와 매우 쉽게 결합한다고 하는데, 알루미늄 또한 매우 쉽게 녹슨다는 뜻이 아닌가?'라며 의아하게 생각할지도 모르겠다. 하지만 알루미늄 제품은 녹이 잘 슬지 않는다. 언뜻 이 같은 성질은 모순처럼 보인다.

사실 알루미늄은 소듐이나 칼슘만큼은 아니어도 공기 중에 노출되면 순식간에 녹이 슨다. 단, 녹은 알루미늄 표면에 촘촘한 피막을 형성해서 산화가 내부로 진행되지 않게 막아준다. 이 피막은 상당히 얇아 겉보기에는 아무런 변화가 없다. 이 상태를 '부동태'Passivity라고 하는데, 이는 신이 인류에게 내린 축복이라는 말밖에 달리 할 말이 없다.

게다가 알루미늄에는 절삭가공을 하기 쉽다는 이점도 있다. 열전도율과 전기전도율도 높아서 전기 제품에도 널리 이용되고, 연성·전성이 크므로 얇게 늘여서 알루미늄 포일로 사용하기에도 적합하다. 또 은백색이라 보기에도 아름답다. 그야말로 금속의 미덕을 골고루 갖춘 셈이다.

그러나 아무리 장점이 많아도 산소와 분리하지 못하면 알루미늄은 그림의 떡이나 마찬가지다. 반대로 말해 이 문제만 해결한다면 발명가는 엄청난 부를 손에 넣을 수 있었다. 알루미늄의 대량생산은 연금술사들의 목표였던 금속으로 금을 만들어내는 일과 맞먹는 꿈이었다.

대학생들이 일으킨 기적

1880년대, 미국 오하이오주의 오버린대학에 프랭크 패닝 주잇Frank Fanning Jewett이라는 화학 교수가 있었다. 주잇은 학생의 의욕을 끌어내 화학에 흥미를 느끼게 하려고 알루미늄의 성질을 자세히 이야기하며, 이 금속을 대량으로 제조하는 방법을 찾아내는 자는 갑부가 될 것이라고 이야기했다. 이 말을 듣고 진심으로 알루미늄 제련에 도전해야겠다고 결심한 학생이 있었다. 바로 찰스 마틴 홀Charles Martin Hall이다.

이전까지는 염화알루미늄에 소듐 등을 작용시켜 염소를 앗아가게 함으로써 알루미늄을 만드는 방법이 시도되었다. 하지만 이 방법에서 금속 소듐을 제조하고 반응시킬 때 커다란 위험과 비용이 들었다. 아무리 애를 써도 알루미늄의 대량생산은 불가능했다.

다른 하나는 전기 에너지로 알루미늄을 산소에서 분리하는 방법이었다. 중학교 화학 시간에 배운 염화구리의 전기 분해를 떠올리면 좋다. 염화구리 수용액에 전극을 두 개 넣고 전류를 흘려보내면, 양극에는 염소가, 음극에는 구리(동)가 추출된다. 전기 에너지로 구리와 염소를 분리하는 것이다.

구리는 이 방법으로 추출할 수 있지만 알루미늄은 그렇지 않다. 염화알루미늄 수용액을 전기 분해해도 음극에는 알루미늄 금속 대신 수소가 생성된다. 물에 포함된 수소 이온이 알루미늄 대신 전자를 받아 수소가 되는 까닭이다. 수소와 알루미늄의 경쟁에서는 언제나 수소가 압승을 거두며, 이를 뒤집을 방법은 없다. 알루미늄을 녹여서 액체로 만들지 않으면 전류가 흐르지 않는다.

알루미늄을 포함하는 철반석(보크사이트)이란 광석에서 거의 순수한 산화알루미늄을 추출하는 방법도 있다. 이 산화알루미늄을 강한 열로 녹인 다음, 이 액체에 전극을 넣어 전기를 흘려보낸다는 아이디어가 나왔다. 이렇게 하면 산소의 방해를 받지 않으므로 알루미늄을 얻을 수 있을 것이다.

이 방법은 원리적으로는 가능하지만 실행하기는 어렵다. 문제는 산화알루미늄의 녹는점이 2,000℃ 이상으로 상당히 높다는 점이다. 이 온도에 견디는 재료가 적을 뿐 아니라 소비되는 에너지와 비용도 엄청나다.

홀은 거듭된 실패 끝에 알루미늄이 포함된 빙정석이란 광물을 사용하는 방법을 생각해냈다. 빙정석은 1,000℃ 정도의 열에 녹으므로 여기에 산화알루미늄을 넣으면 이 둘이 뒤섞여 함께 녹는다. 쉽게 말해서 물 대신 액체 상태의 빙정석을 이용해 산화알루미늄을 녹이는 방법이다. 이 액체를 탄소 전극으로 전기 분해하면 알루미늄을 얻을 수 있다. 홀은 23세의 젊은 나이에 위대한 과학자들조차 이루지 못한 알루미늄 생산이라는 꿈을 멋지게 실현했다.

그런데 이 아이디어를 떠올린 사람은 홀 한 사람만이 아니었다. 대서양을 사이에 둔 프랑스에서도 화학자 폴 에루Paul Heroult가 거의 똑같은 방법을 같은 해인 1886년에 발견했다. 이 알루미늄 제련법은 홀과 에루의 이름을 기리는 뜻에서 '홀-에루 공정'Hall-Héroult process이라 명명되었다. 오늘날에도 알루미늄을 생산할 때는 기본적으로 이 방법을 사용한다.

홀과 에루는 둘 다 1863년에 태어나 1886년 23세에 거의 똑같은 알루미늄 제련법을 발견했고, 1914년에 나란히 세상을 떠났다. 멀리 떨어진 다른 나라에서 태어나 두 사람은 생전에 서로의 존재를 알지도 못했다고 하니, 참으로 불가사의한 인연이다.

이처럼 과학 분야에서는 거의 동시대에, 완전히 다른 장소에서 비슷한 물질을 발견하는 우연이 자주 일어난다. 홀과 에루가 동시기에 알루미늄 제련법을 발견한 배경에는 알루미늄에 관한 지식이 축적되고, 발전소가 정비·보급되면서 전력이 풍부하게 공급되는 등의 조건이 갖추어졌던 덕분일 것이다. 이 시대에 알루미늄을 제조할 수 있게 된 것은 역사의 필연이었다.

홀은 1888년에 이 기술을 활용해 회사를 세웠다. 그가 설립한 알루미늄 회사 알코아는 급속히 성장해 당시 하루에 50파운드(약 2.3kg) 정도였던 알루미늄 생산량은 고작 20년 만에 8만 8,000파운드(약 40톤)로 늘어났다. 알루미늄 가격도 순식간에 하락해 급속도로 전 세계에 보급되었다. 이리하여 홀은 오늘날로 치면 수천억 원에 달하는 부를 쌓아 역사상 경제적으로 가장 성공한 화학자가 되었다. 홀의 스승인 주잇 교수의 예언이 멋지게 이루어진 셈이다.

하늘을 나는 합금

이로써 세상에 나온 알루미늄이지만 강철 등과 비교했을 때 강도가 떨어진다는 약점은 여전했다. 이러한 까닭에 약점을 보강하기 위한 연구가 새롭게 추진되면서 구리, 마그네슘, 망간을 소량 첨가하면 강도를 크게 높일 수 있다는 사실이 밝혀졌다. 독일의 듀레너 금속공업이 독점 제조권을 손에 넣었으므로, 이 합금에는 '듀레너'Durener와 '알루미늄'Aluminium을 합쳐서 '두랄루민'Duralumin이란 이름이 붙었다.

두랄루민 발명의 의의는 매우 크다. 오늘날에는 이번 장의 서두에서 소개한 방패와 방탄복 외에 수송 케이스 등에도 두랄루민을 이용한다. 이후 첨가하는 금속의 조성을 바꿔 더욱더 강도를 높인 초初두랄루민, 초초두랄루민도 개발되었다.

알루미늄 합금이 가장 큰 의의를 가지는 분야는 항공 분야다. 하늘을 날려면 무엇보다 가볍고 튼튼한 재료가 필요하므로, 알루미늄의 활약 분야로는 안성맞춤이다. 실제로 라이트 형제가 1903년에 만든 최초의 비행기, '라이트 플라이어호'의 엔진에도 알루미늄을 사용했다.

이후 항공기 설계 기술은 급속도로 발전했다. 1912년에는 무려 시속 200km로 날 수 있게 되었고, 1914년에 발발한 제1차 세계대전 때는 이미 군용기가 큰 활약을 펼쳤다. 참고로 오늘날의 감각으로는 조금 믿기 어렵겠지만 1930년대까지 비행기 몸체는 주로 나무와 천으로 만들었다. 1927년에 찰스 린드버그Charles Lindbergh가 처음으로 대서양 횡단에 성공했을 때 탔던 '스피릿 오브 세인트루이스호' 역시 기체는 합판, 날개는 나무틀에 천을 댄 비행기였다.

몸체가 전부 금속으로 된 비행기를 처음 만든 사람은 독일의 발명가이자 기업가인 후고 융커스Hugo Junkers다. 미야자키 하야오 감독의 애니메이션 〈바람이 분다〉에도 융커스를 모델로 한 인물이 등장하므로, 이 이름을 기억하는 분도 많을 것이다.

융커스는 1915년에 처음으로 강철 비행기 'J1'을 하늘에 띄우는 데 성공했고 그 성능을 확인했다. 그리고 두랄루민이 개발되었다는 소식을 듣자마자 두랄루민을 이용한 비행기 제조에 돌입해 1919년에 6인용 비

○ 위에서부터 첫 비행에 성공한 라이트 플라이어호, 독일 박물관에 있는 융커스 F13
(초기에는 J13으로 표기), 보잉 747-8F

행기 'J13'을 완성했다. 이 비행기는 연비도 좋고 열대부터 한대 지역까지 폭넓게 비행할 수 있는 등 뛰어난 성능을 과시했다.

융커스는 1923년에 발표한 논문에서 목재는 불에 타거나 부식될 우려가 있고 열 등으로 미세하게 변형되기만 해도 비행 성능에 커다란 영향을 끼친다고 지적하며, 금속으로 만든 비행기는 이 같은 문제가 전혀 없다고 주장했다. 또 목재는 길이와 두께가 제한적일 뿐 아니라 강도 또한 일정하지 않지만 금속은 어떤 형태로든 자유롭게 만들 수 있는 데다 전체 강도 역시 일정하게 유지할 수 있다고 설명했다. 옳은 지적이었다.

이렇듯 융커스가 실제로 비행기를 만들어 알루미늄의 뛰어난 성능을 증명했고 공개적으로 누구나 고개를 끄덕일 만한 사항을 지적했는데도 완전 금속제 비행기는 좀처럼 보급되지 않았다. 금속제 비행기는 융커스가 J13을 처음으로 하늘에 띄운 지 20년 후인 1930년대 중반이 되어서야 주류가 되었다.

금속제 비행기로 전환하는 데 이처럼 시간이 걸린 이유는 무엇일까? 아무래도 비행기 설계는 사람의 목숨이 달린 일이므로 기술자들 또한 보수적인 성향이 강하고, 사람들이 금속 비행기가 안전하게 하늘을 나는 이미지를 좀처럼 그리지 못한 데서 비롯된 듯하다. 새로운 기술의 우위성을 알면서도 신기술로 갈아타기가 어렵다는 사실을 지금의 기술자들도 절실하게 느끼지 않을까.

인간의 공간을 하늘로 넓힌 혁명

이후 항공기에 제트엔진을 비롯한 다양한 혁신 기술이 도입되면서, 이제는 비행기로 여행하는 일이 당연한 시대가 되었다. 알루미늄은 항공기 발전에 크게 공헌했다. 한 예로, 보잉 747 여객기 몸체는 81%가 알루미늄 합금이다. 또 저온에 강한 알루미늄은 우주 개발에도 빠뜨릴 수 없는데 로켓의 연료 탱크나 국제 우주 정거장 등에도 다양하게 사용된다. 땅 위를 달리는 차량에 혁명을 가져온 재료가 고무라면 항공기 시대를 불러온 재료는 알루미늄이라고 말해도 좋겠다.

물론 알루미늄의 용도는 이와 같은 특수한 분야에 한정되지 않는다. 우리에게 친근한 음료수 캔에서 고층 빌딩에 이르기까지 일상생활 속에서 알루미늄을 사용하지 않은 물건을 찾아내기가 더 힘들 정도다. 불과 백 몇 십 년 전만 해도 인류는 가볍고 튼튼하며 녹슬지 않는 금속을 상상조차 하지 못했다. 그러나 알루미늄이 출현하자 눈 깜짝할 사이에 보급되어 알루미늄이 없었던 시대를 상상하기 어려울 만큼 우리 생활 깊숙이 뿌리를 내렸다. 그런데도 우리는 신소재의 은혜를 고마워하기는커녕 대개는 의식조차 하지 못한다. 바로 우리 곁에 있고 누구나 보면서도 의식한 적 없는 혁명, 이것이 바로 신소재의 힘이다.

제11장

자유롭게 변화하는
만능 재료
플라스틱

인류는 역사를 통틀어
셀 수 없을 만큼 많은 재료를 개발했지만
플라스틱만큼 다른 재료의 영역을
많이 빼앗은 재료도 없다.

모든 재료의 자리를 빼앗은 신소재

내가 어렸을 적 주스는 대개 금속 캔이나 유리병에 들어 있었다. 자동 판매기에는 병따개가 붙어 있어서, 방금 구매한 주스의 뚜껑 부분을 여기에 걸고 병을 비틀어 뚜껑을 따는 것이 소소한 즐거움이었다. 지금 생각하면 어쩐지 그리운 광경이다.

일본에서 유리병이 자취를 감춘 계기는 1982년에 시행된 식품위생법 개정이다. 이로써 폴리에틸렌 테레프탈레이트$_{PET}$로 만든 용기, 즉 페트병을 청량음료용으로 사용할 수 있게 되었다.

페트병은 가볍고 운반하기 편하며, 투명해서 내용물이 보일 뿐 아니라 떨어뜨려도 깨지지 않는다. 무엇보다 뚜껑을 열었다 다시 닫을 수 있다는 점이 획기적이어서 페트병이 눈 깜짝할 사이에 유리병을 시장에서 몰아낸 것도 당연하다는 생각이 든다. 페트병의 독특한 디자인 또한 다른 제품과의 차별화에 큰 몫을 했다. 원하는 대로 쉽게 성형이 가능하다는 점 역시 유리는 따라 하기 힘든 플라스틱만의 장점이다.

물론 플라스틱이 주스 병만 대체한 것은 아니다. 본격적으로 플라스틱이 보급된 때는 제2차 세계대전 이후지만 그때까지 목재나 도자기, 유리로 만들었던 수많은 제품은 서서히 플라스틱으로 대체되었다. 종이 가방이나 천 가방도 얇게 늘린 플라스틱, 즉 비닐봉지에 그 자리를 넘겨주었다.

오늘날 우리는 플라스틱 섬유로 된 옷을 입고, 플라스틱 의자에 앉아 플라스틱 식기로 음식을 먹으며, 플라스틱 카드로 돈을 낸다. 플라스틱 매체로 기록된 영상을 플라스틱제 화면에 띄워 바라볼 뿐 아니라 이로 인해 저하된 시력을 플라스틱 렌즈로 교정하면서 생활한다. 역사를 통틀어 인류는 수많은 재료를 개발해 다양하게 활용해왔지만 플라스틱만큼 많은 재료의 영역을 빼앗은 것도 없을 것이다.

원하는 대로 만들어드립니다

플라스틱의 이처럼 강력한 '영역 빼앗기 능력'은 어디에서 비롯됐을까? 답은 결점이 적고 변형이 자유롭다는 점에 있다. 플라스틱은 가볍

○ 전투기 F-22. 조종실에도 폴리카보네이트가 사용된다.

고 튼튼하며 적은 비용으로 대량생산할 수 있다. 또 투명하게 만들 수도, 다양하게 색을 입힐 수도 있으며, 어떤 형태로든 성형이 가능하다.

훨씬 가볍게 만들고 싶다면 발포 스티롤이나 우레탄폼처럼 공기를 넣어 경량성과 보온성을 추가해도 된다. 튼튼하게 만들고 싶다면 폴리카보네이트가 제격이다. 폴리카보네이트의 내충격성은 일반 유리의 250배 이상으로, 과혹한 조건에도 견디는 까닭에 폴리카보네이트는 CD와 신호등, 항공기 재료 등에 널리 사용된다.

열에 약하다는 점이 플라스틱의 치명적 약점이지만 비용만 아낌없이 투자한다면 꽤 높은 온도에 견디는 플라스틱을 만들 수도 있다. 폴리이미드라는 플라스틱은 400℃에 가까운 고온이나 절대 0도에 가까운 극저온에도 견디기 때문에 우주 개발에 필수 재료다.

약품에 대한 내구성을 원한다면 테플론이 좋다. 진한 황산이나 강한 알칼리에 담가도 변하지 않으므로 실험용 기구에 안성맞춤이다. 그러나 무엇보다 일반적이면서 중요한 용도는 플라스틱의 마찰 계수가 낮다는 점을 활용한, 눌어붙지 않는 프라이팬이다.

이처럼 플라스틱의 강점은 다채로운 얼굴, 폭넓은 용도에 있다. 순수 인공 재료여서 설계 방식에 따라 얼마든지 다양한 성질을 부여할 수 있다. 높은 발전 가능성은 목재나 금속과 같은 재료가 아무리 애를 써도 따라오기 어렵다. 굳이 약점을 꼽자면 햇빛을 받았을 때 성능이 떨어지므로 장기간 사용하기에 부적합하다는 정도인데, 다르게 생각해보면 이러한 성질 또한 현대 소비 사회에 걸맞은 특징이 아닐까.

플라스틱을 죽인 황제

이처럼 다른 재료를 간단히 대체하는 플라스틱의 실력을 맨 처음 알아차린 사람은 누구였을까? 어쩌면 로마제국 제2대 황제, 티베리우스일지도 모른다. 티베리우스는 기원전 42년에 태어나 기원후 37년에 세상을 떠난 인물로 예수 그리스도와 동시대를 살았다. '2,000년도 더 옛날에 플라스틱이 있었을까?'란 생각에 의아하겠지만 티베리우스에 얽힌 다음과 같은 일화가 남아 있다.

어느 날, 한 장인이 유리잔을 바치고 싶다며 티베리우스를 찾아왔다. 황제가 잔을 들고 감상하자 장인은 "잔을 돌려주십시오." 하고 말하더니, 잔을 받자마자 바닥에 내던졌다. 모든 사람이 유리잔이 산산조각이 날 것이라고 예상했으나 놀랍게도 잔에는 금조차 가지 않았다. 청동 그릇처럼 움푹 팼을 뿐이었다. 장인은 느긋하게 작은 망치를 꺼내 잔 안쪽을 두드려 움푹 팬 곳을 원래 상태로 되돌려놓았다.

세밀한 부분은 다르지만 여러 저술가가 이 일화를 기록했으니, 이 이야기는 큰 틀에서 실화일 것이다. 유명한 박물학자 플리니우스는 이 잔을 '유연한 유리'라고 말했는데, 장인이 만든 잔은 우리가 아는 플라스틱으로 추측된다. 화학이라는 학문의 원형조차 정립되지 않았던 당시에 장인은 어떻게 이 잔을 만들었을까. 안타깝게도 잔의 제조법은 영원한 수수께끼로 남았다.

티베리우스는 "이 잔의 제조법을 자네 이외에 누가 알고 있나?" 하고 물었다. 장인은 가슴을 쫙 펴고 이렇게 대답했다. "소인 외에는 아는 자가 없습니다." 그러자 황제는 그 자리에서 장인의 목을 치라는 명령을 내렸다. 이리하여 장인의 목이 바닥에 떨어짐과 동시에 '로마의 플라스틱' 제조법은 영원히 미궁에 빠지고 말았다.

티베리우스가 장인의 목을 친 이유는 이러한 물건이 나돌면 금을 비롯한 보물의 가치가 크게 떨어져버린다고 생각했기 때문이다. 그는 로마 제정의 창시자인 아우구스투스 황제의 뒤를 이어 안정된 국가를 건설하고자 절치부심한 인물이다. 그의 눈에는 새로운 보물이 모처럼 확립한 가치 체계를 어지럽힐지도 모를 무시하기 힘든 위험 인자로 비쳤을 것이다.

이후 로마가 수백 년간 명맥을 유지했다는 사실을 떠올려보면, 티베리우스의 결단은 제국을 위해서는 올바른 행동이었을 수도 있다. 하지만 이로 인해 인류는 자유자재로 변형과 성형이 가능한 투명하고 아름다운 재료를 손에 넣기까지, 그 후로 2,000년에 가까운 세월을 기다려야 했다. 로마 이후의 유럽 문명 발전에 커다란 영향을 끼쳤을지도 모를 신소재는 발명자의 목숨만 앗아간 채 역사의 뒤안길로 사라졌다.

물론 이와 비슷한 이야기는 현대에도 있을 것이다. 흔히 거대 기업에서 획기적 혁신이 일어나지 않는다고 지적하는데, 여태까지 쌓아 올린 유통망이나 관련 기업의 압력, 회사 내 타부서의 거부 등으로 훌륭한 혁신 재료가 빛을 보기도 전에 사라져버리는 사례는 분명 꽤 많다. 한때 제약 업계에 몸담았던 나 역시 이와 같은 사례를 직접 목격했다.

어쩌면 어떤 재료를 발견하는 일보다 이를 눈에 보이는 형태로 만들어 세상에 선보이는 일이 더 어려울 수도 있다. 파괴적 혁신이란, 기존 질서를 거부하고 어떠한 의미에서 비범했던 스티브 잡스 같은 인물이 아니면 좀처럼 이루기 힘든 듯하다.

플라스틱은 거대 분자

여기까지 올 동안 애초에 '플라스틱이란 무엇인가'를 한마디도 설명하지 않았다. 영어 단어 'plastic'은 본래 '가능성 있는', '유연한'이란 뜻

○ 저분자 설탕(슈크로스)의 구조도

의 형용사다. 단지 이러한 성질뿐이라면 점토든 밀가루 반죽이든, 모든 것이 플라스틱이란 말이 된다.

현재 일본 공업 규격 JIS에서는 플라스틱을 이렇게 정의한다.

'플라스틱은 고분자 물질(대부분은 합성수지)을 주원료로 하여, 인공적으로 유용한 형태로 만든 고체다. 단, 고무, 칠감, 접착제 등은 제외한다.'

여기에서 중요한 점은 '고분자'라는 키워드다.

우리 주변에 있는 물질은 대부분 원자가 여러 개 결합한 '분자'가 한데 모인 것이다. 물은 산소 원자 1개와 수소 원자 2개가 결합한 분자이고, 설탕은 탄소 12개, 수소 22개, 산소 11개, 총 45개의 원자가 결합한 분자로 이루어져 있다. 이처럼 물질에 포함된 원자 수가 수천 개 이하인 분자를 '저분자'라고 한다.

반면, 수천에서 수만 개 이상의 원자가 결합해서 만들어진 거대 분자는 '고분자'라고 부른다. 고분자는 그리 특이한 물질이 아니다. 이 책에서 설명한 셀룰로스나 비단도 일종의 고분자다. 또 우리 몸속의 DNA나 단백질 등도 고분자의 범주에 들어간다. 그러나 이들은 '인공적으로 유용한 형태로 만들지' 않았으므로 플라스틱이라 부르지 않는다.

쉽게 말해 원자를 인공적으로 많이 결합시켜 사용하기 쉽게 굳힌 물질은 모두 플라스틱인 셈이다. 즉, 플라스틱이란 말에는 소름이 끼칠 만큼 광범위한 물질군이 포함되어 있다. 나일론이나 폴리에스터 등의 합성섬유 또한 정의상 플라스틱의 범주에 들어간다.

실제로 폴리에틸렌 테레프탈레이트라는 고분자는 성형 방법에 따라 페트병이 되고, 플리스나 셔츠 같은 의류도 되며, 심지어 자기테이프까지 된다. 플라스틱은 자유자재로 변하므로 전혀 달라 보이지만 분자 레벨에서 보면 똑같은 물질인 경우가 아주 흔하다.

거대 분자라고는 해도 터무니없을 만큼 많은 분자가 결합한 상태는 아니다. 플라스틱은 대부분 기본이 되는 단위 분자(모노머)가 여러 개 결합한 반복 구조다. 앞서 등장한 폴리에틸렌 테레프탈레이트는 교대로 배열된 에틸렌과 텔레프탈산이라는 단위 분자가 연결된 물질이다.

플라스틱의 명칭에는 '폴리에틸렌', '폴리스타이렌'처럼 앞에 '폴리'poly-가 붙는 말이 많은데, 폴리는 그리스어로 '많은'이란 뜻이다. 즉, 폴리에틸렌이나 폴리스타이렌은 각각 에틸렌과 스타이렌이란 단위가 많이 연결되어 있다는 의미다.

○ 위에서부터 고분자 폴리에틸렌 테레프탈레이트의 구조도

○ 똑같은 파트가 반복적 연결된 폴리에틸렌 테레프탈레이트의 구조도

하지만 거대 분자란 말은 화학자가 다루기 힘들다는 뜻이기도 하다. 거대 분자는 좀처럼 액체에 녹지 않기 때문이다. 화학자는 혼합물 속에서 한 종류의 물질만 추출해 만든 것에 화학반응을 일으킨 다음, 이를 분석해서 목표로 했던 물질이 만들어졌는지를 확인한다. 이와 같은 일련의 과정은 어떤 물질이든 보통 용매에 녹여서 액체 상태로 만든 후에 이루어진다. 잘 녹지 않는 고분자는 이 모든 과정에서 어려움이 따른다. 만들기 어려우면 정체를 밝혀내기도 어려우니 연구자 입장에서는 여간해서 감당하기 힘든 상대다.

거대 분자를 다루기 힘든 이유는 또 있다. 고분자는 많은 파트가 결합한 물질이지만 그 수는 일정하지 않다. 특히 파트가 1,000개 이상 결합한 시점에서 결합을 멈추기란 매우 어려우므로, 크기를 일정하게 맞춰서 고분자를 합성하는 방법은 오늘날에도 첨단 연구 주제일 정도다. 따라서 다양한 크기가 뒤섞인 고분자를 다룰 수밖에 없다. 이러한 까닭에 고분자 화학은 미지의 영역이었다.

실제로 실험 중에 우연히 수많은 분자가 서로 결합하여 고분자를 만들기도 했으나, 대개는 씻어도 제거되지 않는 끈적끈적하고 새카만 물질이었으므로 애물단지 취급을 받은 끝에 결국 쓰레기통에 버려졌다. 고분자를 연구하려는 화학자가 적었던 것도 무리는 아니었다는 생각이 든다.

이러한 까닭에 고분자 화학은 저분자 화학과 비교해 상당히 늦게 발전했다. 화학 공업이 19세기 중반부터 본격적으로 발전한 데 반해, 플라스틱이나 합성섬유가 이보다 1세기쯤 지난 후에야 본격적으로 보급된 이유는 여기에 있다.

우연에서 비롯된 중대한 발견

이제 플라스틱이 어떻게 만들어졌는지를 순서대로 살펴보자. 플라스틱을 흔히 '합성수지'라고 부르는데 수지(송진 같은 나무 수액을 말려서 얻은 액체)는 인류가 처음으로 이용한 플라스틱 상태의 화합물이었다. 그렇다고는 해도 그 용도는 접착제나 미끄러짐 방지 장치 등에 제한되어 있었다.

옻 또한 이와 같은 수지의 한 예다. 옻나무에서 나온 수지를 목재 등의 표면에 발라 말리면 수지에 포함된 우루시올이라는 성분이 효소 및 산소의 작용으로 서로 결합해 고분자가 된다. 즉, 옻그릇은 플라스틱의 먼 조상이나 마찬가지다.

인공 플라스틱은 한참 시대를 거슬러 내려온 19세기 후반이 되어서야 탄생했다. 플라스틱 제1호 발견의 계기를 마련한 사람은 독일의 화학자 크리스티안 프리드리히 쇤바인Christian Friedrich Schönbein이다. 1845년, 쇤바인은 자택 주방에서 실험을 하다가 질산과 황산을 바닥에 쏟고 말았다. 그는 아내가 집에서 실험하는 것을 금지했으므로, 쇤바인은 당황해서 아내의 앞치마로 바닥을 닦은 후 난로 위에 걸어 말리려고 했다.

그런데 그 순간 앞치마가 불에 휩싸이더니 순식간에 타버렸다.

앞치마에 불이 붙은 이유는 앞치마의 성분인 셀룰로스가 황산의 작용으로 질산과 화합해 나이트로셀룰로스를 만들어냈기 때문이었다. 쉽게 불이 붙는 이 화합물은 훗날 전쟁터에서 '면화약'으로 크게 활약했다.

그리고 1856년에는 나이트로셀룰로스에 장뇌(녹나무를 증류하면 나오는 고체 성분—옮긴이)를 20% 정도 섞으면, 이 물질이 단단해진다는 사실이 밝혀진다. 미국의 인쇄업자이자 발명가인 존 웨슬리 하이엇John Wesley Hyatt은 이를 간편하게 만드는 법을 연구해 실용화에 성공했고 '셀룰로이드'라는 이름으로 판매했다.

자유롭게 성형할 수 있으면서 단단하고 튼튼하다는, 여태껏 유례가 없었던 성질의 셀룰로이드는 안경테, 틀니, 피아노 건반, 칼 손잡이 등에 널리 사용되어 폭발적인 매출을 올렸다. 이 상품들은 이전까지 대부분 상아로 만들었으므로 코끼리에게 하이엇은 생명의 은인이라 해도 지나치지 않을 것이다.

1889년에는 카메라 및 필름 제조업체를 운영하던 이스트먼 코닥이 셀룰로이드로 만든 영화 필름을 개발했고, 이 필름은 1950년대 무렵까지 널리 사용되었다. 이처럼 셀룰로이드는 20세기 문화를 이끈 중요한 물질이다.

다만, 앞에서도 이야기했듯이 셀룰로이드에는 불이 무척 붙기 쉽다는 약점이 있었다. 셀룰로이드로 만든 당구공끼리 부딪친 순간, 충격으로 당구공이 폭발하는 바람에 총성으로 착각한 남자들이 총격전을 벌였다는 진위가 불분명한 이야기도 전해진다. 또 영화 필름이 영사기나 조명의 열에도 쉽게 불이 붙었으므로 여러 차례 화재가 발생했고, 많은 사람이 목숨을 잃었다.

이러한 까닭에 셀룰로이드의 제조 및 저장에는 엄격한 규제가 가해졌다. 오늘날에는 훨씬 다루기 쉬운 플라스틱이 출현하면서 셀룰로이드를 볼 기회도 줄었다. 셀룰로이드는 이제 거의 설 자리를 잃었지만 재료의 역사에서 큰 역할을 해냈다고 말할 수 있다.

플라스틱 때문에 비극을 맞은 천재들

그 후 1907년에는 미국의 화학자 리오 베이클랜드Leo Baekeland가 페놀과 포르말린을 섞으면 단단한 고체가 된다는 사실을 발견했고, 이를 '베이클라이트'Bakelite란 이름으로 판매했다. 베이클라이트는 완전한 인공화합 플라스틱 제1호라 불리며, 지금도 전기 제품의 절연체로 사용된다.

이와 같은 상황에 영향을 받아 학문 면에서 플라스틱을 이해하려는 움직임이 나타나기 시작했다. 1920년에는 독일의 화학자 헤르만 슈타우딩거Hermann Staudinger가 거대한 분자, 즉 고분자의 개념을 내놓는다. 당시에는 원자 수가 수십에서 수백 개 정도의 저분자만 알려져 있었으므로 학자들은 슈타우딩거의 주장을 지나치게 기발한 아이디어로 치부했다. 그중에는 "친애하는 슈타우딩거에게. 커다란 분자란 생각은 버리게. 거대한 분자 따위는 존재할 리가 없으니까."라며, 일부러 편지로 '충고'하는 동료까지 있었다. 평화주의자였던 슈타우딩거가 나치 정권에 박해를 받은 탓도 있어서 거대분자설은 좀처럼 널리 인정받지 못했다.

그런데 이 가설을 실험으로 증명해내고자 한 사람이 나타난다. 바로 미국의 화학자 월리스 캐러더스Wallace Carothers다. 캐러더스는 본래 하버드 대학에서 일하는 연구자였지만 재능을 인정받아 1928년에 미국의 종합 화학회사 듀폰에 영입되었다. 그는 듀폰에서 기업의 이익과 직접 연결되지 않는 기초연구 부분을 총괄하게 되면서 고분자를 합성해보기로 한다.

캐러더스의 아이디어는 다음과 같다. A라는 원자단과 B라는 원자단을 반응시키면 서로 결합해 AB가 된다. 말하자면 전철의 연결기 같은 것이다. 그럼 분자의 양 끝에 연결기가 되는 원자단을 부착한 것, 즉 A-A와 B-B를 한데 섞으면, AB-BA-AB-BA…라는 식으로, 길게 편성된 열차처럼 가늘고 길게 연결된 분자가 끝없이 만들어지지 않을까?

이리하여 1934년까지 몇 가지 고분자 비슷한 물질이 만들어지는 등 기초 연구가 진전을 보이기는 했으나 제품화로 이어질 만한 물질은 나오지 않았다. 예를 들어 '연결기'로 아민이란 원자단과 카복실산이라는 원자단을 사용하는 실험은 비교적 간단해서 나 또한 중학교 화학반 활동 때 만들어본 적이 있다. 그러나 이렇게 탄생한 물질은 퍼석퍼석해서 도저히 무언가에 도움이 될 만한 물질로는 보이지 않았다.

그런데 어느 날, 캐러더스 팀의 연구원 한 명이 이 덩어리에 막대를 꽂아 당기면 덩어리가 길게 늘어난다는 사실을 알아차린다. 연구원들은 얼마나 길게 늘어나는지를 알아보기 위해서 캐러더스가 연구실을 비운 날, 방 안을 돌면서 덩어리를 당겨보았다. 그랬더니 명주실과 흡사한 질긴 섬유가 만들어졌다. 이것이 바로 합성섬유 제1호, 나일론이다.

캐러더스가 합성한 고분자는 아디프산과 헥사메틸렌다이아민이란 두 종류의 분자가 교대로 연결된 마치 긴 사슬 같은 상태였다. 합성 직후의 분자는 단지 스파게티처럼 엉켜 있어 그 진가를 발휘하기 어렵지만 이 사슬을 잡아당기면 많은 분자가 한 방향으로 정렬되어 서로를 끌어당기므로 깔끔한 다발이 된다. 퍼석퍼석한 물질이 질긴 섬유로 변하는 비밀은 여기에 있다.

이처럼 고분자의 성질은 분자 하나하나의 구조보다 대개 분자끼리 어떻게 모이느냐에 크게 좌우된다. 고분자를 길게 잡아당기는 기법에는 '냉연신법'冷延伸法이란 그럴싸한 이름이 붙어 질긴 섬유를 만드는 한 가지 방법으로 자리를 잡았으나 원래는 한 연구자의 장난에서 비롯된 것이었다.

나일론으로 만든 스타킹은 1940년에 미국에서 발매되어 '석탄과 공기와 물로 만들어진 거미줄보다 가늘고 비단보다 아름다우며 강철보다 강한 섬유'란 선전 문구로 엄청난 인기를 끌었다. 처음부터 제품화가 목적이 아닌 순수한 학술 연구로 이 같은 성과를 냈다는 점이 흥미롭다.

하지만 역사에 길이 남을 성과를 낸 캐러더스는 심각한 우울증에 시달린 나머지, 나일론의 제품화를 보지도 못한 채 1937년 41세의 젊은 나이에 자살로 생을 마감했다. 살아 있었더라면 더욱 뛰어난 고분자 물질을 만들어냈을지도 모르고, 앞서 등장한 슈타우딩거와 1953년 노벨 화학상을 공동 수상했을 가능성 또한 충분하다. 과학사에 길이 남은 천재의 너무나 안타까운 죽음이었다.

플라스틱의 왕, 폴리에틸렌의 탄생

플라스틱은 그 종류가 매우 다양한데, 그중에서도 폴리에틸렌은 가히 왕이라 불리기에 손색없는 존재다. 양동이나 비닐봉지 등 우리 주변에서 흔히 사용하는 플라스틱 제품은 대개 폴리에틸렌으로 만든다. 생산량으로 따지면 전체 플라스틱의 약 4분의 1을 차지하고 당분간 그 지위가 흔들릴 일도 없어 보인다.

폴리에틸렌 또한 우연한 기회에 발견되었다. 캐러더스가 나일론 연구에 몰두하고 있던 1933년, 영국의 임페리얼케미컬공업이 에틸렌 가스를 벤즈알데하이드란 물질과 반응시키는 실험을 했다. 그러던 어느 날, 1,400기압, 170℃의 고온고압에서 한 실험에서 이변이 일어났다. 반응 용기를 열어보니 내부가 흰 밀랍 상태의 물질로 덮여 있었던 것이다.

머지않아 이 물질은 에틸렌이 여러 개 결합한 물질, 즉 폴리에틸렌이란 사실이 판명되었다. 그럼 폴리에틸렌을 인위적으로 만들어내려면 어떻게 해야 할까? 폴리에틸렌을 만드는 실험을 할 때, 행운의 여신은 또다시 그들에게 미소를 지었다. 장치 안에 부족한 에틸렌을 보충할 때 미

○ 영국군의 야간 전투기 모스키토

량의 산소가 들어간 것이다. 이 산소는 에틸렌이 연쇄적으로 차례차례 연결될 수 있게 반응을 일으키는 스위치, 즉 '촉매'로 작용했다. 순수한 에틸렌만으로는 아무 반응도 일어나지 않았을 것이다.

이리하여 1939년, 제2차 세계대전이 시작되던 해에 폴리에틸렌 제조법이 확립되어 처음으로 생산 공장이 가동되었다. 이 순간은 세계사에서 결정적으로 중요한 의미를 지닌다. 폴리에틸렌이 레이더 설계에 혁명을 일으킨 까닭이다.

당시 각국은 레이더 개발에 필사적으로 매달렸지만 아직 함선이나 항공기에 탑재하기란 불가능했다. 그러나 가볍고 절연성이 우수한 폴리에틸렌의 등장으로 안테나와 같은 부품의 디자인 폭이 단숨에 커졌다.

1941년 영국군은 레이더가 탑재된 야간 전투기를 개발해 독일군의 공습을 봉쇄했다. 이리하여 제1차 세계대전 때부터 대활약했던 독일의 잠수함 '유보트'U-boat는 레이더를 탑재한 영국 항공기에 의해 차례차례 격침되었다. 영국이 레이더 기술을 우방인 미국에 제공하자 태평양 전쟁의 판도는 크게 달라졌다. 폴리에틸렌의 출현은 일본은 물론 전 세계에, 그야말로 운명적이었다고밖에 달리 할 말이 없다.

사실 폴리에틸렌은 1933년 이전에도 발견되었다. 훨씬 전인 1898년에 독일의 화학자 한스 폰 페치만Hans von Pechmann이 다이아조메테인이라는 화합물을 만들 때 우연히 생성된 하얀 밀랍 상태의 물질을 관찰하여, 이 물질에 '폴리메틸렌'이라는 이름을 붙였다. 하지만 당시의 기술로는 다루기 어려웠던 탓에 연구가 더 이상 진전되지 못했다.

1930년, 미국의 화학자 칼 십 마벨Carl Shipp Marvel 연구팀이 에틸렌 가스로 실험을 할 때 역시 부산물로 폴리에틸렌이 만들어졌다. 그러나 안타깝게도 연구팀은 이 물질을 깨끗이 폐기해버려 세기의 대발견을 놓치고 말았다. 훗날 연구팀은 '그 하얀 밀랍이 무언가에 도움이 되리라고는 생각조차 하지 못했다'고 말했다. 만일 ICI의 연구진이 마벨 연구팀처럼 폴리에틸렌의 가치를 깨닫지 못하고 그대로 폐기했더라면 과연 세상은 어떻게 변했을까.

여태까지 설명한 대로 폴리에틸렌의 역사는 우연한 발견의 연속이었다. 이후 각종 플라스틱의 생산성과 품질을 비약적으로 높인 지글러–나타 촉매의 발견 역시 우연이 크게 작용했으며 테플론이나 폴리카보네이트 등도 행운의 산물이다.

앞으로 플라스틱은 어떻게 될까?

플라스틱은 자연계에 없던 물질이므로 발견 및 개량에 기존의 방법이 통하지 않았다. 우연한 행운 덕에 발전해온 플라스틱의 역사야말로 황무지에서 우여곡절을 거듭하며 길을 개척해온 고난의 증거일 것이다.

오늘날에는 수많은 노하우가 축적되어 다양한 기능의 플라스틱을 설계하기에 이르렀다. 일본의 화학자 시라카와 히데키白川英樹 연구팀이 개발한 전도성 플라스틱 등은 그중에서도 커다란 이정표였다(시라카와는 전기가 통하는 플라스틱을 발견한 업적을 인정받아 2000년 노벨 화학상을 받았다―옮긴이). 오늘날에는 발광이나 발전 기능이 있는 플라스틱도 차츰 등장하고 있다. 이 플라스틱들은 앞으로 우리 생활을 지탱하는 존재가 될 것이다. 원료인 석유가 지구에 풍부히 매장되어 있는 데다 범용성이 높고 기능성까지 뛰어나 오늘날 기초재료의 꽃, 그리고 최전방과도 같은 존재다.

그러나 순수 인공 재료인 플라스틱에는 이에 상응하는 문제점도 있다. 각종 천연재료와 달리, 플라스틱은 세균이나 효소 작용에 의해 분해되어 자연으로 완전히 환원하지 않는다.

최근 들어 수 밀리미터 이하의 작은 플라스틱 조각(미세플라스틱)의 해양 유출 문제를 우려하는 목소리가 높다. 인간이 쓰고 버리는 각종 플라스틱 제품은 자외선을 받으면 약해져서 잘게 분해되는데, 바다에 이 미세플라스틱이 대량으로 떠다니고 있다. 물고기 같은 해양 생물이 플라스틱을 먹고 이 물고기를 또다시 인간이 먹고 있다. 플라스틱은 유기물을 쉽게 흡착하므로 각종 독성 물질을 농축해버릴 가능성이 있다는 점도 걱정스럽다.

무엇보다 플라스틱을 많이 사용하고 전 세계의 인구 증가 속도를 고려해보면 앞으로도 플라스틱 사용량은 계속해서 늘어나리라 예상된다. 그리고 미세플라스틱을 바다에서 완전히 제거하기도 사실상 불가능하다. 지금과 같은 상황이 이어질 경우, 2050년쯤에는 바다에 떠다니는 미세플라스틱의 총 중량이 전 세계 물고기의 총 중량을 넘을 것이란 계산까지 나왔다.

이러한 상황 속에서 예측하기 어려운 악영향을 미리 방지하고자 최근 들어 세계 각국에서는 일회용 플라스틱을 줄이려는 움직임이 활발해졌다. 유럽연합EU에서는 일회용 빨대와 포크의 사용을 금지하고 의무적으로 음료수 용기의 90%를 회수하는 법안이 통과되었다. 이미 프랑스나 이탈리아에서는 가볍고 얇아서 잘게 쪼개지기 쉬운 비닐봉지의 사용을 금지했다.

혹자는 아직 피해가 발생하지도 않았는데 미리부터 동요하는 것이 아니냐고 생각할지 모르지만 경제 발전과 편리함을 추구하면서도 환경오염을 예방하기 위해 노력할 수 있다. 인간은 여태껏 수많은 재료와 함께 생활해오면서 이미 온갖 공해와 환경오염을 경험했고 또 극복했다. 슬슬 피해를 사전에 방지하는 지혜를 익혀야 할 때가 아닐까.

제12장

무기물 세계의 선두 주자 실리콘

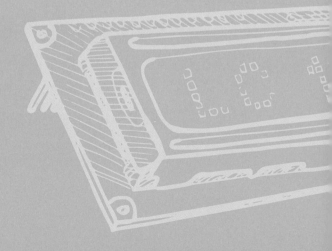

탄생한 지 겨우 60여 년 된 '규소로 만든 뇌'는
'탄소로 만든 뇌'를 추월했다.
인공지능이 인류의 능력을 뛰어넘을
기술적 특이점이 올 날도 이제 머지않았다.

컴퓨터 문명의 시작, 실리콘

내가 어렸을 때, 컴퓨터는 아직 우리 생활과 동떨어진 존재였다. 개인용 PC는 물론 가정용 게임기도 아직 없었고, 컴퓨터라고 하면 어느 대기업이나 연구 기관에서 사용하는 거대한 기계라는 이미지밖에 없었다.

하지만 2014년에 태어난 내 딸은 말을 배우기도 전에 스마트폰의 잠금 기능을 해제하고 애플리케이션을 실행해서 노는 법을 터득했다. 겨우 1세대 만에 컴퓨터는 생활 속 깊이 파고들었고 지극히 당연하고 필수적인 물품이 되었다.

고성능 컴퓨터가 널리 보급된 이유를 물질적 측면에서 살펴보면, 실리콘 제조 기술의 고도화라는 결론에 이르게 된다. 최근 수십 년 만에 사회가 급격히 변화한 원인 또한 대부분 컴퓨터의 발달에 있으니, 실리콘이야말로 현대 사회를 대표하는 재료라는 사실에 그 누구도 이의를 제기하지는 못할 것이다.

오늘날 컴퓨터는 다양한 용도로 쓰이지만 컴퓨터는 원래 '계산기'란 뜻이다. 인간의 능력으로는 감당하기 힘든 복잡한 계산을 자유자재로 수행하는 기계가 있었으면 좋겠다는 욕구가 현대의 컴퓨터 문명을 만들어냈는데, 이 시도는 생각보다 훨씬 옛날에 시작되었다.

고대 그리스에도 컴퓨터가 있었다

그리스의 펠로폰네소스반도와 크레타섬 사이에 안티키테라란 작은 섬이 있다. 현재는 인구가 수십 명밖에 안 되는 작은 섬이지만 지금으로부터 2,000년도 더 전에는 해적의 본거지로 난폭한 자들이 많이 살았다고 한다.

1901년, 이 섬 앞바다에서 평범한 난파선이 발견되었다. 하지만 난파선은 오랫동안 제대로 된 조사가 이루어지지 않은 채 방치되다가 1951년이 되어서 놀랄 만한 사실이 밝혀졌다. 이 난파선에 잠들어 있던 기원전 150년에서 기원전 100년경에 만들어진 기계가 현대의 과학자들을 당혹스럽게 할 만큼 상당히 정밀했던 것이다.

조사를 진행할수록 놀라운 사실이 계속 드러났다. 이 기계는 적어도

○ 안티키테라섬에서 발견한 고대의 기계 장치

30개 이상의 톱니바퀴로 이루어졌으며 태양과 달의 움직임을 완벽히 재현했다. 일식과 월식이 일어날 날짜나 고대 올림픽 개최 연도까지 산출해냈다고 하니, 이 기계는 아날로그 컴퓨터라고 불러도 손색없는 수준이었다. 이후 1,000년간 이토록 정교한 기계는 전 세계 어디에서도 출현하지 않았고, 조사에 참여했던 한 연구자는 '희소성으로만 따지면 모나리자보다 (이 기계의) 가치가 높다'고 말했다.

안티키테라섬의 기계는 여전히 연구되는 중이어서 누가, 어떤 목적으로 이 기계를 만들었고, 어째서 배에 실려 있었는지 등은 아직 밝혀지지 않았다. 대체 어떤 인물이 이렇게 엄청난 녀석을 만들어냈는지 참으로 흥미롭다.

무릇 기술자 성향을 타고난 인간은 한 세계를 시뮬레이션해서 시대를 풍미할 만한 무언가를 자기 손으로 만들어보고 싶다는 충동에 사로

잡히는 듯하다. 먼 옛날, 솜씨 좋은 기술자가 뛰어난 천문학자와 만났고, 서로 자극을 주고받은 결과 실제의 필요성을 훨씬 뛰어넘을 만큼 엄청난 머신이 탄생한 것은 아닐까.

계산 머신의 꿈

물론 많은 사람이 엄청난 양의 계산을 정확히 해내는 기계를 원했으므로 안티키테라섬의 기계 외에도 시대마다 '컴퓨터'가 있었다.

주판, 산가지(수를 셈할 때 쓰는 나무막대—옮긴이), 계산자 등 비교적 단순한 기구도 널리 사용되었고, 블레즈 파스칼이나 고트프리트 빌헬름 라이프니츠 같은 저명한 수학자도 톱니바퀴식 계산 기계를 고안해냈다.

현재의 컴퓨터로 이어지는 계산기 개발에 몰두한 사람은 영국의 찰스 배비지Charles Babbage다. 당시에 배의 항로를 결정하는 데는 '대수'라 불리는 수치를 사용했는데, 이를 정리한 대수표에 오류가 많아서 배가 자주 조난되었다. 이러한 까닭에 1812년, 당시 21세였던 배비지는 이 대수를 기계로 정확하게 계산할 방법은 없을까 생각했다.

'계차 기관'이라 명명된 배비지의 기계는 지나치게 복잡했을 뿐 아니라 여러 번 설계가 변경된 탓에 곧바로 자금난에 빠졌다. 결국 20년간에 걸친 노력에도 배비지는 계차 기관 개발을 단념해야만 했다.

1991년, 배비지 탄생 200년을 기념해 그가 생전에 완성하지 못한 계

○ 미국 육군이 제공한 자금으로 개발된 에니악. 세계 최초의 전자식 컴퓨터다.

차 기관을 복원하는 프로젝트가 추진되었다. 이리하여 폭 3.4m, 높이 2.1m, 4,000개의 부품으로 이루어진 거대한 기계가 완성되었다. 시험 운전 결과 15자리 수 계산을 정확히 해냈다고 하니, 배비지의 설계는 틀리지 않았던 셈이다.

인류 역사에서 전자계산기가 처음으로 탄생한 때는 1945년으로, 기념할 만한 최초의 컴퓨터에는 '에니악'ENIAC이란 이름이 붙었다. 발명된 시기에서 추측할 수 있듯이 포탄의 탄도 계산 등 제2차 세계대전에 활용하려는 목적에서 만들어졌다. 불행인지 다행인지 에니악은 전쟁이 끝난 후에야 완성되었다.

에니악은 1만 8,000개에 가까운 진공관, 7만 개의 저항기, 1만 개의 콘덴서로 이루어지며, 가로 폭 약 30m, 높이 2.4m, 세로 폭 0.9m, 전체 무게가 약 27톤에 달하는 괴물이었다. 그러나 프로그램에 따라 광범위한 문제를 풀 수 있게끔 설계되었다는 점이 획기적이었으므로 현대 컴퓨터의 조상이라 불린다.

이 머신은 훌륭했지만 지나치게 거대한 데다 비용이 많이 들어서 결국 매우 특수한 용도로만 사용되었다. 이러한 계산 기계가 우리의 생활에까지 영향을 주는 기계로 발전하려면 어떤 재료와 만나야 했다. 그 재료가 바로 이번 장의 주인공, 실리콘(규소)이다.

참고로 실리콘은 원소의 하나인 '규소'의 영어 이름이나 이 책에서는 원소를 가리킬 때는 '규소', 반도체 재료를 가리킬 때는 '실리콘'으로 적절히 구분해 사용했다.

운명이 갈린 형제 원소

화학자에게 주기율표란 단순한 원소 목록이 아니다. 바라보기만 해도 이런저런 생각이 샘솟는, 마르지 않는 아이디어의 샘 같은 존재다. 앞에서 설명했듯이 금·은·동이 주기율표(p.28)에서 같은 세로줄에 있다(=화학적 성질이 비슷하다)는 사실을 깨닫기만 해도 올림픽 메달은 물론이거니와 인류의 경제 활동조차 어쩐지 달라 보인다.

나는 항상 탄소와 규소의 배열을 불가사의하게 느낀다. 탄소와 규소

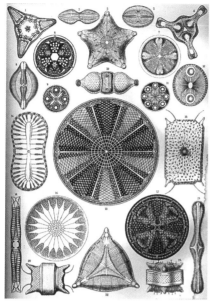

○ 규조류 스케치. 대부분 단세포이거나 군체로 생활한다.

는 주기율표에서 바로 위아래에 위치한 형제 원소다. 결합 팔이 네 개 있고 규소의 결정 구조는 다이아몬드와 완전히 똑같다는 점 등 이 둘은 여러모로 공통점이 많다. 하지만 탄소와 규소는 존재하는 장소와 작용하는 곳이 전혀 다르다.

전작 《탄소 문명》에 썼듯이, 탄소는 생명의 세계에서 가장 중요한 원소다. 인체를 구성하는 단백질과 DNA가 모두 탄소를 중심으로 만들어지기 때문이다. 지구의 지표와 해양, 즉 우리가 눈으로 보는 세상에서 탄소는 중량비로 따졌을 때 겨우 0.08% 정도를 차지할 뿐이나, 우리 몸무게의 약 20%는 탄소로 이루어져 있다. 이처럼 탄소는 그야말로 생명에

○ 정제된 규소. 은빛 광택을 내기에 금속으로 착각하기
쉽지만 실제로는 반금속이다.

게 없어서는 안 될 원소다.

그렇다면 탄소와 매우 흡사한 규소 역시 생명체를 구성할 때 중심적인 역할을 하리라고 누구나 생각하지 않을까? 이러한 까닭에 고전 SF 물에서는 규소 생물을 다양한 형태로 묘사한다. 실제로 규소는 소름 끼칠 만큼 생명 세계와 인연이 없다. 규조류 같은 플랑크톤이나 볏과 식물 등 극히 일부에서 예외적으로 볼 수 있을 뿐, 생물계에는 규소가 거의 등장하지 않는다. 규소는 지구상에 상당히 풍부할 뿐 아니라 손쉽게 구할 수 있는데도 어찌 된 영문인지 많은 생물이 이 원소를 거부하고 있다.

사실 규소는 대부분 암석으로 존재한다. 우리 주변에 굴러다니는 돌이나 바위는 규소와 산소, 그리고 각종 금속 원소가 촘촘한 그물코 모양으로 결합한 단단한 덩어리다.

따라서 인간이 눈으로 보는 세상을 원소별로 나누면, 중량비로 따졌을 때 산소가 약 절반을, 규소는 약 4분의 1을 차지한다. 조금 전에 설명한 대로 탄소 화합물(및 이를 기반으로 한 생명)의 존재량은 규소 화합물에 비하면 손톱만큼도 없다. 만일 외계인이 지구에 왔다면 생명의 존재는 거들떠보지도 않고 지구를 '규산염 덩어리가 물에 덮인 행성'으로 단순히 인식할지도 모른다.

심지어 탄소와 규소 형제는 손을 맞잡고 결합하지도 않는다. 탄화규소라는 광물이 운석 등에서 아주 미량으로 발견되기는 하나, 이 외에 자연계에서 탄소와 규소가 결합한 화합물은 눈을 씻고 보아도 도저히 찾을 길이 없다.

다만 탄소와 규소가 절대로 결합하지 못하는 것은 아니어서 인공적으로 이 둘을 결합시킬 수는 있다. 대표적 예가 바로 주방용품이나 의료용 재료 등에 사용하는 실리콘이다. 이미 알려진 대로 실리콘고무는 유연하고 내구성이 높은 데다 열에도 강하다. 이처럼 뛰어난 재료를 만들어내는 탄소-규소 결합이 자연계에 없다는 점은 아무리 생각해도 수수께끼 같다. 참고로 실리콘고무의 실리콘 silicone 은 규소와 산소를 골격으로 포함하는 화학 물질의 총칭으로, 규소를 의미하는 실리콘 silicon 과는 다른 말이다.

여하튼 탄소와 규소는 본래 사이좋은 형제 원소였으나 한쪽은 생명 세계의 리더가 되었고 한쪽은 무기물 세계의 선두 주자 자리에 앉았다. 오늘날까지도 자연계에서 이 둘은 절대 섞이지 않고, 마치 각자의 길을 걷고 있는 듯 보인다. 어쩐지 그리스신화처럼 애정이 뒤얽힌 장대한 이야기가 연상되는 사람은 나뿐일까.

금속과 비금속 사이에서

규소는 생명의 구성 요소로서는 이렇다 할 활약을 펼치지 못했지만 재료로서는 인류에게 무엇보다 고마운 원소다. 돌멩이는 물론, 앞에서 설명한 도자기의 기본 골격도 규소이고, 유리 역시 규소와 산소가 1:2 비율로 결합해 무질서하게 뒤엉킨 것이다.

이처럼 규소는 흔하디흔하고 대량으로 존재하는 원소인데도 인간이 발견하기까지 오랜 시간이 걸렸다. 규소는 로듐이나 팔라듐, 오스뮴 등 존재량이 극히 적은 원소보다 한참 늦은 1823년에야 비로소 스웨덴의 화학자 옌스 야코브 베르셀리우스Jöns Jakob Berzelius에 의해 순수하게 분리되었다.

규소가 이처럼 늦게 발견된 이유는 10장에서 설명한 알루미늄과 같다. 규소와 산소의 상생이 지나치게 좋은 나머지, 서로 강력하게 결합해 있는 까닭이다. 앞에서 예로 든 암석이나 유리는 모두 규소와 산소가 교대로 결합한 네트워크 형태의 구조이므로 이 둘을 떼어놓기란 상당히 어렵다. 따라서 규소를 순수하게 분리해내는 작업은 수많은 기술과 사고방식의 진보를 필요로 하는 매우 힘든 작업이었다.

순수한 규소는 은빛 광택을 내뿜는 고체로 언뜻 금속처럼 보인다. 그러나 각종 성질 면에서는 금속과 다른 부분도 많으므로 규소를 '반금속'으로 분류한다. 이를테면 전기를 통과시키는 성질을 가진 금속과 전기를 통과시키지 않는 비금속의 중간인 반도체의 성질을 지닌다. 규소가 현대 산업에서 가장 인기 있는 자리를 차지하는 커다란 이유는 바로 이 모호한 성질에 있다.

전기를 자유롭게 이동시키는 물질

오늘날 반도체란 말을 흔히 듣지만 '전기를 통과시키는 물질과 통과시키지 않는 물질의 중간'이란 설명으로는 대체 어떤 물질인지 잘 이해가 되지 않는다. 쉽게 말해 반도체는 불순물의 양이나 빛을 쏘이는 방법 등으로 전기를 통과시키는 정도를 조절할 수 있는 물질이다.

금속의 경우에는 원자 속의 전자 일부가 원자로부터 분리되어 있다. 전자가 자유롭게 움직이기 쉬운 상태이므로, 한쪽에 '전자야, 이쪽으로 와'라는 명령, 즉 전압을 걸면 전자들은 곧장 그쪽을 향해서 쏜살같이 달려간다. 이것이 바로 금속에 전류가 흐르는 현상이다.

반면 규소 결정 속 전자는 조금 더 원자에 강하게 속박된 상태여서 금속에서처럼 자유롭게 멀리 나갈 수가 없다. 이러한 까닭에 순수한 규소 결정에서는 전기가 거의 흐르지 않는다. 그러므로 불순물로 다른 원소를 아주 조금만 섞는 '도핑'이란 방법을 사용한다.

예를 들어 규소보다 전자수가 적은 원소인 붕소를 섞으면 규소 결정에 붕소가 섞여 붕소가 섞인 곳만 전자가 부족한 상태, 이른바 '전자 구멍'이 뚫린 상태가 된다. 전압을 걸면 가까이에 있던 전자가 구멍을 향해 이동하고, 전자가 이동한 빈 구멍에 또 다른 전자가 들어가는 과정이 반복해서 일어난 결과 전기가 흐르게 된다.

요컨대 전자의 양동이 릴레이 게임이 시작되는 셈이다. 순수한 규소 결정은, 말하자면 모두가 양손에 양동이를 든 상태여서 효율적으로 양동이를 주고받을 수 없다. 붕소, 즉 손이 빈 사람이 들어가야만 비로소 전자를 멀리까지 재빠르게 보낼 수 있다. 이 상태는 마이너스 전하를 띤 전자가 부족한 상태, 즉 전체적으로 플러스 상태이기 때문에 'p형 반도체'(p는 positive의 앞글자)라고 부른다.

이와 반대로 규소보다 전자가 한 개 더 많은 인을 섞어도 전류를 흐르게 할 수 있다. 이쪽은 마이너스 전하가 많은 반도체이기 때문에 'n형 반도체'(n은 negative의 앞글자)라고 부른다. 두 반도체 모두 도핑(결정의 물성을 변화시키기 위해 소량의 불순물을 첨가하는 공정)하는 원소의 종류와 양을 조절해 다양한 성질의 반도체를 만들어낼 수 있다.

게다가 이 반도체를 조합하면 한쪽에서 오는 전류만 통과시키는 다이오드나 정보를 기록하는 반도체 메모리 등도 만들 수 있다. 단지 전류를 흐르게 할 뿐인 금속이 체스 게임에서 한 번에 한 칸만 전진할 수 있는 폰이라면 반도체가 등장하면서 앞뒤, 대각선으로 자유롭게 이동 가능한 룩과 비숍 같은 강력한 말이 탄생한 셈이다. 이를 적절하게 조합해 활용함으로써 여태까지와는 비교가 되지 않을 만큼 복잡하고 강력한 제품을 만들 수 있게 되었다.

진공관과 저마늄의 시대

반도체 시대에 최초로 사용된 원소는 사실 규소가 아니라 저마늄이다. 앞에서 탄소와 규소를 주기율표(p.28)에서 같은 세로줄에 있는 형제원소라고 설명했다. 저마늄 또한 규소 바로 밑에 위치하므로 규소와 성질이 비슷하다. 이러한 까닭에 반도체로서 기능한다.

저마늄을 이용한 새로운 장치는 제2차 세계대전 직후, 미국의 벨연구소에서 탄생했다. 벨연구소를 설립한 미국의 통신회사 에이티앤드티AT&T는 미국 전체로 사업을 확장 중이었는데, 멀리 떨어진 곳과 통화할때는 음성 신호가 약해져 잘 들리지 않는 문제로 고민하고 있었다. 이문제를 해결하려면 전기 신호를 증폭시키는 장치가 필요했다.

1947년, 벨연구소의 존 바딘John Bardeen, 월터 브래튼Walter Brattain, 윌리엄 쇼클리William Shockley는 저마늄의 결정을 사용해 이 문제를 해결한다.

○ 1947년에 발명된 최초의 트랜지스터(복제품)

바로 트랜지스터다. 맨 처음 발명된 트랜지스터는 점접촉형 방식이어서 다루기 힘들다는 단점이 있었지만 머지않아 쇼클리가 물리적으로 안정한 트랜지스터인 접합형도 개발해냈다. 접합형 트랜지스터는 n형 -

p형−n형처럼 다른 성질의 반도체를 끼워 넣은 샌드위치 구조로 구성되어 있다.

이듬해 트랜지스터가 발표되자 전 세계 기술자들은 민감하게 반응했다. 여태까지 사용해온 진공관은 수명이 고작 수천 시간 정도밖에 되지 않아 에니악은 하루에도 몇 번씩 진공관을 교환해야 했다. 그러나 새롭게 등장한 트랜지스터는 수명이 길고 비용이 낮을 뿐 아니라 원리적으로는 얼마든지 작게 만들 수 있었다. 당시 트랜지스터 연구에 참여했던 한 일본인 연구자는 그 충격을 '온몸의 털이 곤두서는 듯한 발명'이라고 표현했다.

트랜지스터의 등장은 오늘날까지 이어지는 반도체 산업의 포문을 열었다. 일본의 전자기기 제조업체 도쿄통신공업은 트랜지스터 라디오를 개발하면서 '소니'라는 이름의 세계적 기업으로 발돋움했다. 트랜지스터는 1960년대부터는 TV에까지 탑재되어, TV가 '오락의 왕'이란 지위를 확립하는 데 지대한 공을 세웠다. 바딘, 브래튼, 쇼클리는 이 같은 공로를 인정받아 1956년에 노벨 물리학상을 받았다.

실리콘밸리의 기적

반도체 시대의 서막을 연 저마늄에는 결정적인 약점이 있었다. 저마늄 트랜지스터는 열에 약해서 60℃쯤 되면 작동 오류를 일으켰던 것이다. 무엇보다 치명적인 약점은 저마늄이 희소한 원소인 탓에 안정적으로 공급하기가 어렵다는 점이었다.

이로써 결국 규소가 등장하게 된다. 과학자들은 이미 규소가 반도체로서 기능한다는 사실을 알고 있었다. 다만 규소는 녹는점이 1,410℃로 높아서 열에는 강해도 정제하거나 결정을 만들기는 어려웠다. 또 방금 설명했듯이 반도체는 극히 적은 양의 원소를 도핑하기만 해도 성질이 크게 변하므로 의도치 않게 불순물이 들어가면 반도체의 품질이 크게 떨어진다. 이러한 까닭에 현대의 반도체 산업에서는 규소의 순도 99.999999999%, 즉 불순물이 1,000억 분의 1 이하라는 정신이 아득해질 만큼 까다로운 수준이 요구된다. 1950년대 이전에는 이 장벽을 돌파하기가 어려웠다.

이 문제를 극복하기 위한 연구, 그리고 이후의 엄청난 전개는 거의 모두 샌프란시스코만灣 구석에 있는 골짜기에서 일어났다. 현재 이 지역은 '규소의 골짜기', 즉 실리콘밸리라고 불린다.

실리콘밸리의 중핵은 바로 스탠퍼드대학이다. 스탠퍼드는 오늘날 미국 서해안을 대표하는 명문 대학교지만 한때는 그저 과수원에 둘러싸인 조용한 시골 대학교였다. 우수한 졸업생을 배출해도 모두 뉴욕 등 동해안 쪽에 취업해서 지역을 떠나갔다.

이 같은 상황을 우려한 스탠퍼드대학의 프레데릭 터만Frederick Terman 교수는 학생들을 캘리포니아주에서 창업하도록 설득해 그 회사에 졸업생을 보내는 시스템을 만들기로 했다. 1939년 터만의 제자인 윌리엄 휴렛

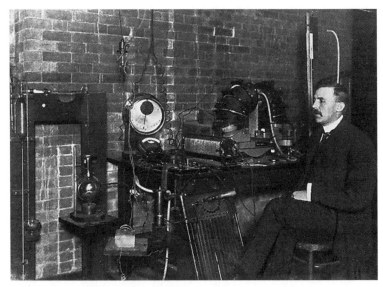

○ 노벨상 수상자 12명을 키워낸 어니스트 러더포드

William Hewlett과 데이비드 팩커드David Packard는 터만 교수의 지원을 받으며 학교 근처에 전자기기 제조업체를 설립했다. 이 회사가 바로 현재까지 명맥을 이어오고 있는 휴렛팩커드HP다.

터만은 우수한 연구자를 스탠퍼드대학에 초빙해 그 연구 성과를 바탕으로 창업하도록 권유했다. 때마침 높은 군사적 수요가 호재로 작용해 기업들은 성장 가도를 달렸다. 이것이 바로 실리콘밸리의 시작이다.

제2차 세계대전 이후, 실리콘밸리에서는 주요한 혁명과 사건이 수없이 일어났다. 1959년에는 페어차일드반도체의 로버트 노이스 팀이 실리콘 집적회로IC를 개발했고, 1964년에는 오늘날에도 컴퓨터에 빠뜨릴 수 없는 마우스가 발명되었다. 인텔이 1971년 역사상 최초의 CPU,

'4004'를 발표한 곳도, 1976년에 애플이 'Apple1'을 전 세계에 처음 선보인 곳도 바로 실리콘밸리다.

현재 실리콘밸리에는 어도비시스템, 애플, 구글, 휴렛팩커드, 인텔, 페이스북, 오라클, 선마이크로시스템스, 야후의 본사가 있다. 이 기업들의 영향력은 새삼스럽게 말할 필요도 없을 것이다.

이렇게 열거해보면 입이 떡 벌어질 만한 발전이어서 겨우 수십 년 동안 한 지역에서 일어난 일이라고는 도저히 생각하기 힘들다. 하지만 역사를 돌이켜보면 어느 시대의 특정 지역에 재능이 모여 단숨에 거대한 발전을 이룩하는 사례가 많다. 15세기 이탈리아에서 일어난 르네상스, 18세기에 시작된 영국의 산업 혁명 등이 대표적 사례다. 여전히 소규모인데도 노벨상 수상자를 12명이나 배출한 영국의 물리학자 어니스트 러더퍼드Ernest Rutherford의 연구실, 제2차 세계대전 전의 일본 이화학연구소RIKEN(1917년 과학 기술 관련 연구 및 대중 확산을 목적으로 설립된 일본 문부과학성 산하 과학기술 연구소로 노벨 물리학상, 화학상 수상자를 배출했다. ―옮긴이) 등도 이 같은 사례에 들어갈 것이다.

이처럼 예사롭지 않은 재능이 한데 모여 폭발을 일으킨 사례에는 몇 가지 공통점이 있는 듯하다. 새롭게 개척된 분야이고, 자금이 충분하며, 위험을 무릅쓰고 도전할 수 있는 상황이라는 점, 그리고 자유롭고 활달하게 논의할 수 있는 환경이란 점 등이다.

1950년대 이후 실리콘밸리의 상황 역시 이러했다. 무언가 문제가 있으면 언제든 연구원들이 회사의 담장을 넘어 격렬하게 토론했다. 또 새로운 아이디어를 얻은 연구원은 회사를 그만두고 자신만의 회사를 창업해 마음껏 연구할 수 있었다. 분사 창업을 뜻하는 '스핀오프'spin-off는 실리콘밸리에서 탄생한 말이다.

이러한 환경 속에서 실리콘 반도체는 눈부신 속도로 발전했다. 현재의 실리콘 칩은 다수의 트랜지스터를 규소 반도체 위에 밀집시킨 것이다. 유명한 '무어의 법칙'에 따르면 칩의 집적 밀도는 18개월마다 두 배로 늘어난다고 한다. 집적 밀도가 두 배가 된다는 말은 제조 가격은 변하지 않고 처리 속도가 두 배로 빨라진다는 뜻이다.

1965년에 나온 예언이지만 몇 번이나 한계란 말을 들으면서 반세기를 지난 현재에도 여전히 유효하다. 실리콘 반도체만큼 극적인 발전을 계속하는 분야도 인류 역사상 없을 것이다. 이렇듯 놀라운 발전을 거듭한 결과, 10년쯤 전의 슈퍼컴퓨터를 뛰어넘는 능력을 갖춘 머신이 지금은 우리의 한 손에 들어갈 만큼 작아졌다. 최근에는 인공지능 '알파고'AlphaGo가 인류 최강의 바둑 기사를 쓰러뜨릴 정도가 되었다. 나는 바둑을 좋아해서 이 경기를 흥미진진하게 지켜보았는데, 인공지능의 너무나도 이질적인 전술에 등골 어딘가가 서늘해지는 느낌을 받았다. 탄생한 지 겨우 60여 년 만에 '규소로 만든 뇌'는 '탄소로 만든 뇌'를 추월해버린 것이다.

그리고 근래에 탄생한 인공지능은 점점 더 우수한 신소재를 만들어내고 있다. 요즘 인공지능이 인류의 능력을 뛰어넘어 더 우수한 인공지능을 설계하는 '싱귤래리티'technological singularity(기술적 특이점. 인공지능이 인간의 지능을 넘어서는 시점을 말하며, 인공지능의 미래를 상징한다. ―편집자)

가 자주 거론되는데, 이미 재료의 세계는 이와 비슷한 상황이 되었다. 이 부분에 관해서는 마지막 장에서 자세히 설명하겠다.

AI가 좌우하는 '재료과학' 경쟁의 미래

재료의 역사는
누구도 상상하지 못한 물질이 출현해
인간의 생활을 바꿔온 역사다.
현대를 살아가는 우리는
무한에 가까운 재료의 우주에서
극히 일부만을 바라보고 있을 뿐이다.

재료의 미래

　재료란 '물질 중에서 인간 생활에 직접 도움이 되는 것'이다. 여태까지 알려진 물질의 수는 1억 4,000만 개가 넘지만 그중 '직접 도움이 되는 것'은 극소수다. 우리가 일상생활에서 사용하는 재료는 인류가 오랜 시간을 들여 찾아내고, 가려내며, 개량함으로써 무無에서부터 창조해온 흡사 슈퍼 엘리트 같은 물질이다.

　여하튼 재료란 단지 튼튼하고 쉽게 사용이 가능하다고 해서 다가 아니다. 원료를 간단히 구할 수 있고, 대량생산이 가능해야 하며, 가공하기 쉬워야 한다. 또 인체에 무해하고 환경 부담이 적어야 한다는 등 다양한 요건을 만족해야 한다. 용도에 따라서는 가볍거나 단단해야 하며,

세월이 흘러도 좀처럼 변하지 않아야 하는 등 이런저런 조건이 추가된다. 한 재료가 세상에 나와 널리 사용되기까지는 놀랍게도 이토록 많은 시련을 극복해야만 한다.

지금까지 살펴보았듯 언뜻 전혀 다르게 보이는 재료가 원자·분자 수준에서는 똑같은 물질이기도 하고, 겉보기에는 붕어빵처럼 똑 닮은 물체라도 원자 조합은 전혀 별개의 것이기도 하다. 또 여러 재료를 조합했을 때 예상치 못한 성질이 나타나는 사례도 많다. 이는 인류가 재료에 관해 얼마나 많은 연구와 창조를 거듭해왔는지를 보여주는 증거다. 재료의 혁명은 곧 인류 생활의 발전이었다고 해도 지나치지 않을 것이다.

최근 몇 년간 정보와 생명과학 분야가 눈에 띄게 성장하면서 혁명의 단계는 그쪽 분야로 이동한 것처럼 보인다. 하지만 정보와 생명과학 분야의 개발 경쟁 또한 결국 재료란 토대 위에서 이루어진다. 획기적인 재료가 출현하면 그 위에 세워진 기술도 완전히 다른 차원으로 진화한다.

대표적 예로, 고속 정보통신을 지탱하는 광섬유를 꼽을 수 있다. 1980년대 후반, 많은 사람이 인터넷의 보급을 예상하던 중에 여태까지 사용해온 전기 전신 케이블보다 훨씬 속도가 빠른 통신 수단의 필요성이 대두되었다. 빛으로 정보를 전달하는 방법이 가장 빠르다는 것은 누가 보아도 명확하여 광섬유 연구는 이미 1950년대부터 본격적으로 시작되었다. 하지만 일반 유리 섬유에는 불순물이 많은 탓에 빛이 산란해 약해지므로 광통신이 실용화되지 못했다. 1970년대 무렵부터 가스 상태의 규소 화합물을 쌓이게 하는 '화학 기상 증착법' CVD이 개발되면서 투명도가 극도로 높은 광섬유를 제조할 수 있게 되었다. 광섬유 통신은 21세기에 접어들어 본격적으로 보급되었고, 동영상 전송이나 소셜 게임 등 신흥 산업을 밑바닥에서부터 뒷받침하고 있다.

'투명 망토'는 실현될까?

앞으로도 뛰어난 재료가 계속해서 출현하여 시대를 크게 바꾸어놓을 것이다. 앞으로 세계를 바꾸리라고 예상되는 재료에 '메타물질'Meta-Material이 있다. 직역하면 '초월물질'로, 어쩐지 요란한 이름이지만 실제로 상식을 뛰어넘는 수준의 물질이다.

빛은 유리나 나무 등을 투과할 때 진행 방향이 바뀐다. '굴절'이라 불리는 현상으로 빛이 구부러지는 정도를 나타내는 수치는 '굴절률'이라고 한다. 메타물질은 이 굴절률이 마이너스 수치인 물질을 가리킨다. 자연계에는 이러한 물질이 없지만 아주 미세한 크기의 금속 코일을 넣으면 이러한 성질을 구현해낼 수 있으리라 추측된다.

그렇다면 메타물질로 대체 무엇을 구현해낼 수 있을까? 대표적인 것이 바로 《도라에몽》이나 《해리 포터》에 나오는 '투명 망토'다. 메타물질로 일반적인 물질을 덮으면 뒤에 있는 물체에 반사된 빛이 메타물질의 표면을 돌아 들어가 보는 사람의 눈에 도달한다. 그러면 메타물질로 덮인 물체는 눈에 전혀 감지되지 않고, 뒤에 있는 물체가 그대로 보이게 된다.

정말이지 SF 영화에나 나올 법한 이야기지만 빛보다 파장이 짧은 전자기파로 실험했을 때는 실험이 성공했으므로 꿈같은 이야기가 아니다. 가시광선으로도 실험이 성공하면 얼마나 충격적일지 가늠하기 어렵다. 만일 군사 분야에 응용할 경우, 군인이나 무기를 보이지 않게 할 수도 있어서 전 세계 군사 체계가 크게 변할지도 모른다.

그렇다고는 해도 투명 망토는 기술적 장벽이 너무 높은 까닭에 조기에 실현되기란 어려울 듯하다. 그러나 이미 메타물질 기술을 사용해서 알루미늄의 표면에 다양한 색을 입히는 데는 성공했다. 칠감 없이 단지 표면을 가공하기만 해도 갖가지 색을 자유롭게 입힐 수 있으니 꽤나 불가사의하다.

그밖에 크기가 원자 이하인 물체까지 관찰 가능한 광학 현미경, 미량 물질의 검출에 따른 암의 조기 발견 등 메타물질의 활용 가능성이 무궁무진할 것으로 예상된다. 앞으로 어떻게 발전할지, 메타물질은 분명 주목해야 할 재료다.

축전지를 둘러싼 사투

에너지 분야 역시 신소재가 기대되는 분야다. 진동과 같은 에너지를 전기로 바꾸는 에너지 하베스팅Energy Harvesting 재료, 얇고 가벼워서 부피를 차지하지 않는 유기 박막 태양 전지, 그리고 에너지 저장기나 리니어

모터카, 수많은 획기적 기술로 이어지는 상온 초전도물질 등 실현되리라 기대되는 신소재가 많다.

완전한 신기술이 아니라 우리가 생활 속에서 흔히 사용하는 재료를 개량하는 작업도 중요하다. 예를 들어, 현대를 대표하는 상품 중 하나인 스마트폰이 실현될 수 있었던 큰 이유는 리튬 이온 전지의 성능이 높아진 덕분이다. 고성능 리튬 이온 전지 또한 전극에 사용하는 특수한 탄소 재료나 코발트산 리튬과 같은 재료를 적절하게 선택하고 조합함으로써 탄생했다. 개발자인 요시노 아키라吉野彰가 일본국제상을 비롯해 수많은 상을 받았을 뿐 아니라 유력한 노벨상 후보로 꼽히는 것도 어찌 보면 당연하다.

물론 현재의 리튬 이온 전지도 완벽하지는 않다. 스마트폰을 열어보면 배터리가 내부 공간의 대부분을 차지하고 있는데도 우리는 매일 시간을 들여 충전해야 하며, 또 충전을 반복하는 사이에 배터리의 성능은 점차 떨어진다. 이처럼 배터리에는 아직 개선해야 할 여지가 있다.

축전지가 발전해야 할 분야는 스마트폰만이 아니다. 자동차 업계는 현재 '백 년에 한 번'이라 불리는 대변혁의 한가운데에 서 있다. 현재 휘발유차에서 전기자동차로의 이행, 이른바 'EV 시프트'의 큰 파도가 밀려오는 중인데, 이 배경에는 2015년 12월에 채택된 파리협정이 있다. 세계 각국이 이산화탄소 배출량을 감축해야만 하는 상황에 놓인 것이다. 영국이나 프랑스 등에서는 2040년까지 휘발유차와 디젤차의 판매를 금지한다는 방책을 내놓았으므로, 이 변혁을 피하기는 어렵다.

전기자동차는 이미 실용화되어 각 회사에서 판매되고 있지만 아직 휘발유차의 시장점유율을 많이 빼앗지는 못했다. 전기자동차에 탑재되는 축전지는 리튬 이온 전지로, 기본 원리는 스마트폰 배터리와 똑같다. 그러나 현재의 전지는 본래 항속거리가 휘발유차에 미치지 못할 뿐 아니라, 오래 탈 경우 전지의 성능이 떨어지므로 항속거리가 더욱 짧아진다. 어떤 전기자동차는 화재 사고가 잇따라 발생하는 탓에, 안전성 면에서도 문제가 제기되고 있다.

이러한 결점을 개선하기 위해서 토요타자동차는 앞으로 EV용 전지 개발에 15조 원을 투입할 예정이라고 한다. EV용 전지는 그야말로 가까운 미래의 경제와 환경을 좌우하는 존재다.

AI가 재료를 창조한다

오늘날은 신소재를 자연에서 찾거나 개량하지 않고 연구자가 새롭게 창조해낸다. 게다가 손에 잡히는 대로 이런저런 물질을 섞거나 시험해보는 방식이 아니라 제대로 된 이론적 배경하에 원자 수준에서 설계함으로써 새로운 기능을 지닌 재료를 합성하는 시대로 접어들었다.

신소재는 처음부터 완성품의 형태로 나오는 것이 거의 없다. 대개 새로운 콘셉트의 재료가 먼저 발표되고, 시행착오를 거듭하면서 성능과 제조법이 개량되므로, 완성되기까지는 오랜 시간이 걸린다. 따라서 아무리 콘셉트 단계에서 앞서나가 보았자 제품화 단계에서는 자금력과 인력이 풍부한 곳이 승리한다.

물론 무조건 자금과 인력을 투입해서는 안 되며 연구자의 경험과 직감이 좌우하는 부분도 크다. 이러한 자금과 인력의 한계를 극복할 수 있는 것이 바로 '재료정보학'Materials Informatics(MI)이란 기법이다.

앞 장에서 언급한 인공지능 '알파고'는 바둑 기사의 과거 기보를 대량으로 학습해 어느 국면에서 어떤 수를 사용해야 승률이 높아질지를 판단하는 능력을 익혔다. 과거의 경험을 통해 배우고 '이렇게 하면 승산이 있겠다'라고 판단하는 장인의 '직감'을 컴퓨터가 손에 넣은 셈이다. 게다가 알파고는 수백만 번이나 스스로 대국해 그 '직감'을 더욱더 갈고닦아 새로운 방법을 창출해내는 단계에까지 이르렀다.

재료정보학은 이와 마찬가지로 과거에 만들어진 재료의 각종 데이터를 컴퓨터에 '학습'시킴으로써 새로운 성질의 재료를 예측하는 기법이다. 이렇게 하면 지금까지는 수년 걸렸던 신재료의 탐색 기간이 겨우 몇 개월로 줄어든다. 연구자가 쌓아 온 직감과 경험이 빅데이터의 고속 해석과 심층 학습으로 대체되는 것이다.

이 방법이 발전하게 된 계기는 2011년 미국 오바마 정권이 내세운 '물질 게놈 특별계획'Materials Genome Initiative(MSI)이란 정책이다. 2억 5,000만 달러를 투입해 신소재의 개발 속도를 두 배로 끌어올린다는 이 계획은 멋지게 성공했다. 2012년 10월에는 이미 축전지에 사용하는 고체 전해질이란 재료의 수명을 늘리는 데 성공했다. 훨씬 전부터 연구 중이던 일본

팀을 겨우 몇 개월 만에 따라잡은 이 성과는 새로운 방식의 위력을 알리기에 충분했다.

이를 본 중국은 거액의 예산을 투입해 미국과 거의 똑같은 계획을 추진해 미국을 급속히 뒤쫓고 있다. 일본은 2015년부터 이와 비슷한 프로젝트를 가동했지만 확실히 약간 늦은 감이 있다. 그러나 산업계도 재료정보학의 위력에 주목 중이고, 앞에서 설명한 토요타자동차도 축전지 재료를 개발하기 위해서 이 기술을 투입할 예정이다.

최근 들어 인공지능, 빅데이터라는 말이 큰 화제를 모으고 있다. 기계가 '인간의 일자리를 빼앗아간다'며 동요하는 한편, 화제성만 앞서나가고 있다며 비난하는 목소리도 있다. 빅데이터는 재료과학 분야에서 이미 그 위력을 충분히 발휘하는 중이어서, 점차 국제적 연구 경쟁의 초점이 되고 있다. 일본이 여태껏 실력을 발휘해온 재료과학 분야에서 미래에도 여전히 그 존재감을 유지할 수 있을지 앞으로 몇 년이 승부처가 될 듯하다.

재료는 어디까지나

인류가 처음으로 돌을 던지고 뼈를 무기로 사용한 때는 아마 수백만 년이나 거슬러 올라간 옛날일 것이다. 얼마 안 가 인류는 재료를 원하는 형태로 만드는 방법을 알아냈다. 흙을 구워 토기를 만들고 목재를 사용해 집을 지었다. 이후 우리 주변에서 새로운 재료가 잇달아 발견·발명되었고 각각의 재료는 우리 생활을 편리하게 해주었다. 재료는 인간의 생활을 개선하고 인간의 능력을 확장했다. 훨씬 뛰어난 재료를 손에 넣은 자가 싸움에서 승리해 윤택해졌고 때로는 왕으로 군림하기도 했다. 더 나은 재료를 만들기 위해서 항상 당대 최고의 기술과 뛰어난 인재가 투입되었다. 이러한 상황은 지금도 마찬가지란 사실은 이제까지 이야기한 대로다.

앞으로 재료는 어떤 방향으로 나아갈까? 한 예로 축전지는 단일 재료가 아닌 전극, 전해질, 케이스 등 여러 가지 재료로 구성되는데, 이 조합을 달리하면 축전지의 기능을 향상할 수 있다. 이와 마찬가지로 앞으로는 단독으로 작용하기보다는 다른 재료와 힘을 합침으로써 진가를 발휘하는 재료가 많이 탄생하리라 예측된다. 그렇다면 재료를 개발할 때 단독으로 우수한 재료를 선택하는 일보다 점차 재료의 조합과 균형이 중시될 터이므로, 이러한 재료를 선정할 때도 인공지능은 틀림없이 커다란 위력을 발휘할 것이다.

목재나 도기 같이 한 가지를 다양한 용도로 사용할 수 있는 재료는 이제 나오지 않을지도 모른다. 플라스틱처럼 성질이 다른 재료를 여러 개 만들어, 용도에 따라 구분해 사용하는 형태가 점차 늘어날 것이다.

20세기는 모든 사람이 대량으로 생산된 똑같은 상품을 가게에서 구매해 사용법을 익히며 사용자가 제품에 맞추는 시대였다. 앞으로는 사용자가 자신의 기호와 체격, 사용 목적 등에 맞춰서 세밀하게 주문 제작할 수 있는 제품이 늘어날 듯하다. 상황이나 목적에 맞춰서 자동으로 설계된 제품을 주변의 3D프린터로 만들어내는 시대는 이미 눈앞에 다가와 있다. 3D프린터에 사용되는 재료 역시 다양해져서 이 재료들을 세밀하게 조합함으로써 구분해서 사용하게 될 것이다.

이렇게 말하기는 했지만 재료의 역사는 여태까지 그 누구도 상상하지 못한 물질이 출현해 인간의 생활양식을 새롭게 바꾼 역사였다. 200년 전 사람들은 무게가 철의 3분의 1 정도이면서 튼튼하고 녹슬지 않는 금속 따위는 상상조차 하지 못했고, 100년 전 사람들은 가볍고 투명한 데다 떨어뜨려도 깨지지 않는 물병 따위는 꿈같은 이야기라고 생각했을 것이다. 이와 같은 '꿈의 재료'를 오늘날의 인간은 매일 당연하게 사용하고, 특별한 재료라고는 생각하지 않는다.

강철보다 강한 종이, 깨져도 원래 상태로 돌아가는 도자기, 작게 접을 수 있는 유리, 열을 통과시키지 않아 겨울에도 셔츠 한 장으로 돌아다닐 수 있을 만큼 따뜻한 천, 내용물을 다 마신 후에는 사라져버리는 용기. 우리의 자녀나 손자는 이러한 재료에 둘러싸여 생활할지도 모른다. 오늘날을 살아가는 우리는 아마 무한에 가까운 재료의 우주에서 극히 일부분만을 바라보고 있을 뿐이다.

2013년 나는 신초샤 출판사에서 《탄소 문명》을 출간했다. 설탕, 카페인, 니코틴, 에탄올 등 탄소가 중심이 된 물질, 즉 유기화합물과 인류 역사의 관련성을 나름의 시점에서 기록한 책이다.

나는 유기화학 연구자 출신이므로, 역시 유기화합물 하나하나에 특별한 감정이 있다. 평소 신세를 지면서도 정식으로 거론된 적이 거의 없는 유기화합물의 참모습을 조금이라도 세상 사람들에게 알리고 싶은 마음에 써내려간 책이었다.

다행히 《탄소 문명》이 좋은 반응을 얻어 강연에도 여러 차례 초청받았는데, 어느 고등학교에서 강연했을 때 한 학생이 이런 질문을 했다.

"유기·무기에 상관없이 역사에 가장 큰 영향을 끼친 화합물 베스트 3은 뭐라고 생각하세요?"

고등학생을 대상으로 강연할 때는 이렇듯 예상치 못한 각도에서 종종 질문이 날아와 재미있기도 하고 무섭기도 하다. 잠시 말문이 막혔지만, 나는 역시 철이나 종이, 플라스틱과 같은 재료가 아니겠냐고 대답했다. 그리고 사회자 역할을 한 선생님의 "그럼 속편으로 '재료 문명론'을 써달라고 합시다."란 말과 함께 강연이 끝났다.

강연이 끝난 후에도 '재료라⋯, 언젠가 어떤 형태로든 한번 써야겠다'란 생각이 머릿속을 맴돌았다. 그 생각이 5년 후 눈에 보이는 형태로 나온 것이 바로 이 책이다.

실제로 재료는 만물의 기초다. 정치와 경제는 물론 군사와 문화, 온갖 삼라만상이 재료 위에 세워진다. 나는 우리 생활을 뒷받침하면서도 주목받지 못하는 영웅들에게 빛을 비춰주고 싶었다.

재료의 세계는 개성이 넘친다. 아름다운 광택과 희소성으로 사람들을 매료시킨 금, 건축에서 무기에 이르기까지 문명을 지탱한 철, 정보와 문화의 토대가 된 종이, 언뜻 전부 비슷해 보이나 기가 막힐 만큼 다양하고 다채로운 플라스틱 등 재료는 제각각 다르다. 이 대목은 《탄소 문명》과 비교해도 집필하면서 흥미로웠던 부분이다.

물론 재료야말로 역사를 움직이는 존재인 동시에 모든 변혁의 열쇠란 생각을 내가 하지는 않았다. 아마도 1950년대의 미국이 이와 같은 생각을 강하게 의식했으리라. 그 계기는 1957년 당시 소련이 쏘아 올린 인공위성 스푸트니크 1호였다.

제2차 세계대전을 제패하고 명실공히 패권 국가가 된 미국은 우주 개발에서도 세계의 리더라는 사실을 의심하지 않았다. 그런데 이때 갑작스럽게 '소련이 인류 최초로 인공위성 발사에 성공했다'는 소식이 날아오자, 미국은 여태껏 경험한 적 없는 공황상태에 빠졌다. 단순히 자존심에 상처를 입은 정도가 아니다. 이대로 수수방관하다가는 소련이 머지않아 미지의 영역인 우주에서 미국의 각 도시에 그야말로 미사일 비를 퍼부을지도 모른다는 공포가 미국 전역에 퍼져 나갔다. 이른바 스푸트니크 쇼크다.

'우주에 대한 지배권'을 되찾으려 미국은 신속하게 대응했다. 이듬해인 1958년에 우주 개발을 지휘하는 중심 기관으로서 미항공우주국 NASA 을 설립했다. 또한 우수한 이공학 계열 인재를 육성하고자 이과계·외국어 교육을 강화했으며 과학 기술 예산 또한 큰 폭으로 늘렸다.

우주 개발을 위해서는 무엇보다 고열과 극한, 진공에도 견디는 고성능 재료가 필요했다. 그리하여 미국 정부는 화학, 고체물리학, 물성물리학, 야금학, 공학 등 다양한 분야를 가로지르는 '재료과학' material science 이란 새로운 영역을 만들었고 거액의 자금을 투입해 연구자들이 연구에 매진하도록 했다. 내가 어릴 적에는 잡지 광고에 '나사가 개발한 고성능 재료'라는 말이 필요 이상으로 많이 나왔는데, 여기에는 이와 같은 사정이 있었던 것이다.

이처럼 인공적으로 탄생한 재료과학이라는 분야는 완전히 뿌리를 내렸다. 1963년에는 일본에도 일본재료과학회가 설립되는 등 그 영향은 전 세계로 퍼져나갔다. 그때까지 모호한 이미지였던 '재료'란 말도 학술 용어로서 시민권을 얻기에 이르렀다. 이 책에서도 제목에는 일반적으로 익숙한 '소재'란 말을 선택했지만 본문에서는 일관되게 '재료'라는 말을 사용했다.

재료과학은 매우 튼튼하고 열에 강한 세라믹, 우주 공간에서도 기능을 발휘하는 태양 전지 패널 등 여태껏 없었던 수많은 신소재를 만들어 냈다. 이 새로운 재료들은 머지않아 민간용으로도 쓰이게 되면서 서방 국가가 냉전에서 승리하는 데 크게 공헌했다. 베를린 장벽 붕괴 후, 반들반들 빛나는 서독의 BMW와 '판지'로 만들었다고 야유받았던 동독의 트라반트 자동차가 나란히 선 모습은 지금 돌이켜보면 무척 상징적이었다.

재료과학 분야는 이후에도 계속 발전해 오늘날에도 변함없이 가장 중요한 학문 영역의 자리에 있다. 재료과학과 관련된 학술지는 모두 임팩트 팩터 점수(학술지의 영향도를 재는 지표)가 높고, 미국과 중국이 이 영역에 계속해서 거액의 예산을 투자하고 있다는 사실은 마지막 장에서 설명한 대로다.

힘 있는 국가와 조직이 새로운 재료를 만들고 그 재료가 다시 국가와 조직의 힘이 된다. 앞에서 재료를 '물질 중 인간 생활에 직접 도움이 되는 것'이라고 정의했는데 '인간의 능력을 확장하고 의지를 실현하기 위한 물질'이라고 정의해도 좋을 것 같다. 앞으로 어떤 새로운 재료가 등장해 어떤 의지를 실현할지 무척 기대된다.

이 책은 'Web에서도 생각하는 사람'에 연재한 내용을 큰 폭으로 수

정해 한 권으로 정리한 것이다. 연재 당시부터 유익한 조언은 물론 때로는 아낌없이 격려해준 신초샤 편집부의 산베 나오타 _{三辺直太} 씨에게도 이 자리를 빌려 감사의 말을 전하고 싶다.

참고문헌

프롤로그

유발 하라리, 《사피엔스》Sapience, 조현욱 역, 김영사, 2015

매트 리들리, 《이성적 낙관주의자》The Rational Optimist, 조현욱 역, 김영사, 2010

마크 미오도닉, 《사소한 것들의 과학》Stuff Matters, Mid(엠아이디), 2016

재레드 다이아몬드, 《총, 균, 쇠- 무기·병균·금속은 인류의 운명을 어떻게 바꿨는가》Guns, Germs, and Steel, 김진준 역, 문학사상사, 1998

페니 르 쿠터, 제이 버레슨, 《역사를 바꾼 17가지 화학 이야기1, 2》Napoleon's Buttons, 곽주영 역, 사이언스북스, 2007

제1장 인류사를 움직인 찬란한 빛-금

Isaac Asimov, "Asimov On Chemistry", doubleday, 1974

村上陸, 《金·銀·銅の日本史》, 岩波新書, 2007

岩村充, 《貨幣進化論—「成長なき時代」の通貨システム》, 新潮選書, 2010

貴金屬と文化研究會編著, 菅野照造監修,《貴金属の科学》, 日刊工業新聞社, 2007

샘 킨,《사라진 스푼》The Disappearing Spoon, 이충호 역, 해나무, 2011

제2장 만 년을 견딘 재료 – 도자기

長谷部楽爾,《カラー版 世界やきもの史》, 美術出版者, 1999

南川三治郎, 大平雅巳,《マイセン》, 玉川大学出版部, 2009

小山田了三,《未来材料入門—材料基礎から未来コンピュ…ータの素子まで》, 東京
電機大学出版局, 1995

沢岡昭,《わかりやすいセラミックスのはなし》, 日本実業出版社, 1998

다카시마 히로오,《취향의 도자기 그 기법》陶磁器釉の科学, 박원숙 역, 푸른길, 2008

제3장 동물이 만든 최고의 걸작 – 콜라겐

Alfred W. Crosby, "Throwing Fire: Projectile Technology Through History",
Cambridge Univ Pr, 2010

田家康,《気候文明史 世界を変えた8万年の攻防》, 日本経済新聞出版社, 2010

藤本大三郎,《コラーゲン物語 第2版》, 東京化学同人, 2012

藤本大三郎,《コラーゲンの秘密に迫る—食品・化粧品からバイオマテリアルまで》,
裳華房, 1998

제4장 문명을 이룩한 재료의 왕 – 철

Karen Fitzgerald, "The Story of Iron", Franklin Watts, 1997

鉄と生活研究会編著, 菅野照造監修,《トコトンやさしい鉄の本》, 日刊工業新聞社,
2008

山根 一眞,《メタルカラー烈伝–鉄》, 小学館, 2008

宮本英昭, 横山広美,《鉄学 137億年の宇宙誌》, 岩波科学ライブラリー, 2009

제5장 문화를 전파한 대중매체의 왕 – 종이(셀룰로스)

紙の機能研究会編著, 半田伸一監修, 《紙の科学》, 日刊工業新聞社, 2011

小宮英俊, 《トコトンやさしい紙の本》, 日刊工業新聞社, 2001

セルロース学会編, 《セルロースのおもしろ科学とびっくり活用》, 講談社, 2012

ナノセルロースフォーラム編, 《図解―よくわかるナノセルロース》, 日刊工業新聞社, 2015

니콜라스 A. 바스베인스, 《젠틀 매드니스》A Gentle Madness, 표정훈, 김연수, 박중서 역, 뜨인돌, 2006

진순신, 《페이퍼 로드》紙の道(ペーパーロード), 조형균 역, 예담, 2002

제6장 다채로운 얼굴을 가진 천생 배우 – 탄산칼슘

大河内直彦, 《地球の履歴書》, 新潮選書, 2015

渡部潤一, 渡部好恵, 《最新 惑星入門》, 朝日新書, 2016

本川達雄, 《サンゴとサンゴ礁のはなし―南の海のふしぎな生態系》, 中公新書, 2008

山田篤美, 《真珠の世界史―富と野望の五千年》, 中公新書, 2013

루이스 다트넬, 《지식》The Knowledge, 강주헌 역, 김영사, 2016

시오노 나나미, 《로마인 이야기 10》すべての道はローマに通ず―ローマ人の物語X, 김석희 역, 한길사, 2002

제7장 제국을 자아낸 재료 – 비단(피브로인)

伊藤智夫, 《絹Ⅰ ものと人間の文化史》, 法政大学出版局, 1992

伊藤智夫, 《絹Ⅱ ものと人間の文化史》, 法政大学出版局, 1992

志村和次郎, 《絹の国を創った人々―日本近代化の原点・富岡製糸場》, 上毛新聞社, 2014

シルクサイエンス研究会編, 《シルクの科学》, 朝倉書店, 1994

제8장 세계를 축소한 물질 – 고무(폴리아이소프렌)

新星出版社編集部編, 《ボールのひみつ—野球、バレー、サッカー、バスケ、テニス etc. 様々なボールの歴史や秘密》, 新星出版社, 2009

こうじや信三, 《天然ゴムの歴史—ヘベア樹の世界一周オデッセイから「交通化社会」へ》, 京都大学学術出版会, 2013

제9장 혁신을 가속한 재료 – 자석

加藤哲男, 《磁石の世界》, コロナ社, 1995

茂吉雅典, 早川謙二, 《磁石のふしぎ》, コロナ社, 2010

吉岡安之著, TDK株式会社編, 《マグネットワールド—磁石の歴史と文化》, 日刊工業新聞社, 1998

眞淳平著, 松井孝典監修, 《人類が生まれるための12の偶然》, 岩波ジュニア新書, 2009

낸시 포브스, 배질 마혼 저, 《패러데이와 맥스웰》Faraday, Maxwell, and the Electromagnetic Field, 박찬, 박술 역, 반니, 2015

제10장 '가벼운 금속'의 기적 – 알루미늄

Martin. J. Dougherty "Weapons&Fighting Techniques of the Medieval Warrior 1000-1500 AD", Amber Books Ltd, 2008

John D. Anderson Jr. "The Airplane: A History of Its Technology", Amer Inst of Aeronautics &, 2002

アルミと生活研究会著, 山口英一監修, 《アルミの科学》, 日刊工業新聞社, 2009

大澤直, 《図解入門 よくわかるアルミニウムの基本と仕組み》, 秀和システム, 2010

제11장 자유롭게 변하는 만능 재료 – 플라스틱

Gaius Plinius Secundus, "Naturalis Historia", vol 34-37

宮下徳治, 《コンパクト高分子化学—機能性高分子材料の解説を中心として》, 三共出版, 2000

山崎幹夫, 《新化学読本—化ける, 変わるを学ぶ》, 白日社, 2005

橋本壽正, 《高分子こぼれ話—ペットボトルから, 繊維まで》, アグネ技術センター, 2012

제12장 무기물 세계의 선두 주자 - 실리콘

Jo Marchant, "Decoding the Heavens: -A 2,000-Year-Old Computer-And the Century-Long Search to Discover Its Secrets", Da Capo Press, 2009

Martin Campbell-Kelly, William Asprey, "Computer: A History of the Information Machine", Basic Books, 1996

信越化学工業著, 山谷正明監修, 《シリコンとシリコーンの科学》, 日刊工業新聞社, 2013

横山保, 《コンピュ…ータの歴史—先覚者たち その光と影の軌跡》, 中央経済社, 1995

마이클 로저스, 《실리콘밸리》Silicon valley, 장우덕 역, 백양출판사, 1999